葛剑雄

天人之际

天人之际

《长河文丛》……梁由之 主编

葛剑雄 ——

著

梁由之

编

九州出版社
JIUZHOUPRESS

图书在版编目（CIP）数据

天人之际 / 葛剑雄著. -- 北京：九州出版社，
2017.12

ISBN 978-7-5108-6471-1

Ⅰ．①天… Ⅱ．①葛… Ⅲ．①中国历史－文集 Ⅳ.
①K207-53

中国版本图书馆CIP数据核字(2017)第329283号

天人之际

作　者	葛剑雄
责任编辑	李黎明　李　荣
封面设计	吕彦秋
出版发行	九州出版社
地　址	北京市西城区阜外大街甲 35 号（100037）
发行电话	（010）68992190/3/5/6
网　址	www.jiuzhoupress.com
电子信箱	jiuzhou@jiuzhoupress.com
印　刷	北京文昌阁彩色印刷有限责任公司
开　本	880 毫米×1230 毫米　32 开
印　张	9
字　数	210 千字
版　次	2018 年 3 月第 1 版
印　次	2018 年 3 月第 1 次印刷
书　号	ISBN 978-7-5108-6471-1
定　价	49.80 元

新版自序

2006 年间，我将从 2001 年 7 月后写的数百篇文章分别结集出版，其中文史方面的评论、散文、杂文、随笔交中华书局，经祝安顺兄悉心编辑，至 2007 年出了《人在时空之间》。大概还受读者欢迎，安顺兄又嘱我出续集，于是将此后两年内写的同类文章收集起来，由安顺兄与责编按同样体例编辑，在 2010 年初出了《人在时空之间》二集。

近年来，梁由之先生一直垂注拙著，已帮我出了好几本新著旧作，询得此两书交中华书局的版权期已过，而中华未要求续约，遂力荐交九州出版社再版，我自欣然从命。

由于两书原来是先后结集的，所收文章写成于数年之间，且非同时编辑，所以同一主题的文章有时会出现于两处，栏目虽同一，内容却分为二。一集所收为四年间所作，二集所收不足二年，自然不如一集充实。由之与黎明建议将两书篇目重新编排，新设栏目，同类文章按内容重组，分为两册。结果不仅两书篇幅均衡，自成体系，且排列有序，面目一新。

至此，由之与黎明建议不再沿用《人在时空之间》原名，分别命名为《天人之际》和《古今之变》。我虽赞赏二位的创意，感谢他们的盛情，却颇有顾虑。要是厚爱我的读者看到后以为是我的新作，买去后却发现与原来两书内容相同，我岂能辞其咎！但另一方面，经由之先生与黎明先生这番努力，并赐予新名，这两书的确并非简单的重版。于是我请求二位同意署编者之名，一则使名实相符，一则少减我未沿用旧名之责。

葛剑雄，2017 年 11 月 30 日

目 录

第一章　往事历历

故乡小学杂忆 012

我所知的俞大缜 017

我所经历的抄家 019

我经历过的"学生政审" 028

功夫在"书"外 037

读萨苏的书，回忆中国抗战 045

我的从教心得 050

殉葬品和掘墓人："文革"期间的中学教师 053

当年"样板" 069

读这本书是我人生的转折 087

我当市人大代表 090

1982 年的记忆：搬家 099

财富断想 103

我的新书房 110

我是"不拘一格"的受益者

——首批获博士学位二十周年感言 112

第二章 故人依依

汪老远行感言 ……………………………… 118

真正的学者 ………………………………… 121

100 岁老人，20 岁青年：语言学家周有光先生 ………… 123

与"鸭"同"巢" ………………………… 125

第三章 人文游踪

江河源头，青藏文化 ……………………… 134

重走青藏路 ………………………………… 138

神山和圣湖 ………………………………… 142

赞美拉萨，祝福西藏 ……………………… 146

"新疆"不"新"，新疆常新 ……………… 150

真正的归宿：访胡志明出生地 …………… 154

第四章 文化随想

繁简字与书法修养 ………………………… 160

　简化是大势所趋 ………………………… 160

　"字如其人"的疑惑：有感于"王义庆《世说新语》"…… 162

普通话与方言 ……………………………… 166

　谁说了算 ………………………………… 166

　上海人说上海话 ………………………… 168

姓名与称谓 ………………………………… 173

解决同姓名之难：传统与现代，文化与管理 173

称谓的困惑 176

文物与国宝 180

馆藏文物是否太多了 180

确立文物的合法保管权 183

对"国宝工程"的希望 187

国宝如何回家 190

从历史地理看地域歧视 195

中国饮食的另一面 198

徐霞客、朱载堉与郦道元 202

第五章　现实感怀

人物春秋 208

钱永健与钱学森 208

请查一下王益博士的来历 209

奉劝李院士反躬自问 211

中国的教授为什么"申请科研基金很勇敢" 213

专家应摆正自己的位置 215

我对"开学第一课"的忧虑 217

如获诺奖提名，亦勿过于激动 219

大学之道 221

上有所好，下必有甚焉 221

冷眼看排名，冷静找差距 223

大学的"大气"与必要的管理并行不悖 225

大学该不该有这些"围墙" 227

此书何必出线装本 230

对新教材不妨宽松些 232

体育节的设立应该因时制宜 234

热点话题 236

从华南虎看周边态度 236

反兴奋剂的最大障碍是特殊利益集团 239

山寨无法成功，文化尚须创新 242

观看"嫦娥探月"能收费吗？ 244

"嫦娥"探月与科学普及 246

学唱"样板戏"是"传承民族优秀文化"吗 249

第六章　历史随笔

得天下与治天下 254

杯酒释兵权之后 257

不可理解的赋税额度 260

科举制度：存废皆有理 263

"正史"也要创新 267

历史人物的评价应该以事实为依据 269

创造历史的人如何进入历史 276

"上海道台"不等于上海市长 279

关于家谱 281

第一章 往事历历

故乡小学杂忆

两年前，某电视台拍摄《回乡》系列，将我也列入其中，于是摄制组随我回到我的出生地——浙江湖州市南浔镇。当天下午，我来到曾经就读的小学原地，几乎已经无法辨认。从一条巷子绕到背后，终于找到了一排似曾相识的旧平房，现已辟为民居。据住户中一位老者说，这就是当年小学的教室。当年学校名为圆通小学，后改名浔北小学，那时的南浔镇也属吴兴县。

我上学的时间很早——1950年9月，年龄4岁9个月。年长我三岁的姐姐上学，我跟着去玩，到校后就不肯回家，一定要上课。老师见我很认真，就同意了，让我坐到一年级教室里，与新生一起上课。学校是圆通庵改的，以后学了历史，才知道这圆通庵曾经发生过惊天动地的大事。清初南浔"庄氏私修《明史》案"导致七十多人被杀，这惹祸的《明史》就是在圆通庵修的。但当时我只知道校舍的门槛很高，我跨不过去，每次都要大同学或老师帮助。由于年龄小，个子也小，两年后才正式升级。

学校很小，设施简陋，但也有礼堂和操场。我从小不喜欢运动，对操场已经没有什么印象。那礼堂大概是原来的佛堂，已经改建，搭了一个台。大概三年级时，班主任韩学农老师为我排练一段快板，参加全校的演出。快板的内容是老农民拥护粮食统购统销，他亲自将我化妆成老头，穿上一条"作裙"，挑着一担"粮"。我一走上台就引来全场关注，谁知刚开始说话扁担一头的绳子断了，韩老师不得不上台救火。

另一次是全校的演讲比赛，也是上台讲。这次我还获奖，奖品是一本"千用簿"。其实是在一块腊板上铺了一张半透明的薄纸，用不太尖的竹笔在上面写字划线，可在纸上见到痕迹。而将纸提离腊板后，上面痕迹消除。如此可反复使用，这对我来说是很贵重的纸笔。实际上没多久纸就破了，但当时的确让我既兴奋又荣耀，也引起同学们的羡慕。

虽然是在小学，频繁的政治运动也是我们学习的重要内容。特别是在这样的镇上，任何运动都是全民动员，我家门前的宝善街和附近的大街上装的广播喇叭不是宣传就是演唱，几乎每天都会给我增加新的记忆。例如有段时间，不断播放越剧演员袁雪芬唱的歌颂新婚姻法曲子，以至到今天我还记得"千年枷锁已打碎，封建礼教如山倒"等内容。斯大林葬礼那天，我们正在空地上看人放风筝。忽听到喇叭里传来气笛鸣响，周围人肃立，我们也赶快站好。只见一只风筝脱线飞走，放的人也不敢去追。等肃立完毕，风筝早已不见踪影，大家连叫可惜。

有一段时间，镇上到处开会学习，不知是哪次运动。连家庭主妇也天天晚上去学习，地点在原来的耶稣堂。参加学习的都是妇女，不少人带着孩子，孩子们一起在门外或过道里玩得很开心。有时妈妈们唱起歌来，我们都挤在窗口看，觉得很新鲜。那时，极希望母亲天天晚上带我们去开会。

镇压反革命运动时又是另一种景象。除了喇叭里天天不断宣传，喊口号外，深更半夜也会有人在街上、巷里巡逻，边敲锣边喊"坦白从宽，抗拒从严"。不时听大人说，某家某人被抓，

"解湖州"（押送县城）了。最可怕的还是听同学描述枪毙人，说亲眼看到脑袋开花，白色的脑浆与血一起流出来，有的还说枪打过后，头被削掉一半，令人毛骨悚然，有的同学吓得晚上做恶梦。虽然枪毙人的地方离我们家并不远，但大人不许我们去看，我也从来不敢去。

另一些运动就连小学生也参加了，并且都很积极。比如欢迎志愿军伤病员、各种游行，特别是爱国卫生。记得在抗美援朝时，听说美帝发动细菌战，又听说在附近某地扔下了细菌弹，有鼠疫、伤寒等细菌，还放在糖果中引诱孩子去捡。老师教育我们路上的东西不能随便捡，发现可疑的要立即报告。这使我在很长一段时间内看到老鼠就想到鼠疫，害怕被传染。

南浔镇被评为爱国卫生先进镇，其中少不了小学生的功劳。有一位名叫王阿金的老太作为代表去北京开会，见到了毛主席，南浔作为卫生镇的名气也更响了。卫生镇的标准之一是无蝇，于是就得不断灭蝇，小学生成为主力，每个人都有任务，必须消灭多少个苍蝇。下课后，我们就带上自己做的苍蝇拍和放些散石灰的空火柴盒出发了。我们的蝇拍是用废纸板剪成长方形或椭圆形，上面打些孔，中间插一根竹柄。打起来比较费劲，容易破，而且用力太猛了会把苍蝇打扁打烂，看了恶心，还不便统计数字。但商店里卖的纱面蝇拍我们是买不起的，虽然用起来很方便。因为要完成任务，最好超额，所以专找苍蝇多的地方，如"羊木行"（制革作坊）。那一张张被针在木板上的新鲜羊皮，表面还能看到血丝，会引来大量苍蝇，正是我们扩大战果的好机会。上交死苍蝇时要统计数字，开始时一个个数，后来改为称量，以两为单位。我大概没有什么突出表现，所以没有像演讲比赛那样得奖。

与运动配合的还有歌曲，学校里教，更多的还是喇叭里播放，游行时唱。我不仅会唱少年儿童唱的，如"让我们荡起双桨"等，还会唱中学生和成年人唱的歌，也会唱流行的苏联歌曲。记得有一次看游行，见队伍中有人扛着一棵连根拔起的柳树，喇叭里播的是："嗨啦啦啦啦，嗨啦啦啦啦，天空出太阳呀，地上开红花呀，中朝人民力量大，打败了美国兵呀。全世界人民拍手笑，要把帝国主义连根拔那个连根拔！"这样的歌至今我还能记得，足见当初印象之深。

大多数同学家里都很穷，但我家更穷。解放前父亲是银匠，在宝善街一间街面房为人加工金银首饰。解放不久，浙江省取缔这一行业，就此失业，一家五口只能靠借贷和变卖度日。先卖家中存下的零星首饰，再卖铜锡用具。由于浙江不收购，又禁止带出，父亲都是天不亮就出门，偷偷送到邻近的江苏省去卖。坐吃山空，何况家里根本没有山。他曾与两人合伙开过一家小文具店，没有多久就关了门。几年后他去上海谋生，但经常没有钱带回家来。到1955年才掌握了土法制造钻头的技术，让母亲也去上海摆摊推销，生活渐趋安定。为了省钱，经常买最便宜的黑面粉，吃菜粥。但最难对付的还是开学时交学费、书簿费，姐弟三人上学，经常连书簿费也交不起。开学时，看到其他同学领了新书，而自己一直在担心到哪天被老师赶出教室，虽然老师总是雷声大雨点小，一再宽限。有一次，开学已经几天，我已吓得不想上学，舅父得知后送来了救急的钱。

到读完五年级，我从来没有买过一本书。但我从小喜欢看书，只要有字的纸都会拿着看。无论是糊墙的"申报纸"（当地当时对旧报纸的通称），还是偶然得到的一本旧书、一张字纸，我都会看，无论懂与不懂。有一次舅父从他读书的平湖师范回来，带给我们几本连环画报，我不知看了多少遍。五年级时姐姐进了初中，她的课本成了我的读物。只要她在家，我就从她书包里翻书看，特别是文学课本，我从第一课《论语》选读的"学而时习之"起，差不多每篇都背得出。只是好多字都念错，更不知道是什么意思。

除了5岁时随父亲回过一次原籍绍兴外，我一直没有离开过南浔镇。最远的一次是学校组织"远足"（春游）去了十几里路外的江苏震泽镇。另一次"远足"是去沈庄漾"露营"，晚上在古坟台上搭帐篷睡。四年级时我参加的一个集体节目被挑选到县里演出，要乘轮船去几十里外的菱湖镇，但自己要付几毛钱买船票，我只能眼睁睁看着被别人替补。1957年，父母在上海安顿下来，那年暑假让我转到上海读书。当轮船在夜色中驶离码头，我整夜未曾入睡，想象大上海的景象，直到江上的大轮船、江边的厂房和烟囱出现在晨光中。

开学后，我成为上海闸北区虬江路第一小学六年级学生，到今天已过半个世纪。但故乡的小学生活不时会浮现在眼前，当年的艰难苦涩都已淡去，留下的只是难忘的记忆。

我所知的俞大缜

1981年5月中旬，我随侍先师谭其骧先生赴京出席中国科学院学部委员（院士）大会，住在京西宾馆。那是"文革"后中国科学院恢复学部后的第一次大会，会期较长，中间有一天休会。会务人员问谭先生想到哪里去，可以提供车辆。于是谭先生上午去沙滩人民教育出版社宿舍拜访老友周有光，下午去看俞大缜。谭先生已多年未去俞家了，只记得是美术馆后黄米胡同，在司机的协助下，居然顺利地找到了。

谭先生曾告诉我他与俞大缜的关系。他在燕京大学读研究生时，俞大纲是他的好友，来往密切，因此也结识了俞大纲的兄弟姐妹。解放后，俞大纲与俞大维（曾仼国民党政府国防部长）、俞大綵（傅斯年夫人）去了台湾，俞大绂（中科院院士、曾任中国农业大学校长）、俞大絪（曾昭抡夫人、曾任北大西语系主任）、俞大缜留在大陆。但谭先生与俞大绂本来就不熟，俞大絪住在北大，偶尔也见过几次，而俞大缜住在城里，谭先生在北京工作时常有来往。俞大缜早已离婚，也不和女儿住在一起。

突然见到谭先生，半睡在躺椅上的俞大缜高兴得拍手高呼"谭其骧！谭其骧！"又拉着谭先生的手讲了好一阵话。俞大缜告诉谭先生，她已瘫痪了八年，由于严重哮喘，她只能整天在躺椅上半坐半卧，晚上也不能平卧在床上，生活都靠保姆照料。

但她精神健旺，思维、言语正常。她说现在白天主要是教英语，完全免费，某些要人的子女都曾来学过。

此后我每年都会陪谭先生去北京几次，也随他去看过俞大缜。有一次，俞大缜告诉谭先生，俞大维在美国的儿子娶了蒋经国的女儿孝章。本来俞家担心蒋孝章难相处，实际她非常贤惠，一点没有"公主"习气。

有一次，正值中秋，谭先生从上海带了几盒月饼送给北京的友人，其中一盒是给俞大缜的，让我送去。送到后，正好俞大缜也空着，她要我陪她聊聊。我知道俞家与曾国藩家的关系，趁机问她李秀成供状的真伪。她说："李秀成劝文正公（曾国藩）当皇帝，确有其事。这是我母亲告诉我的，她是基督徒，一辈子不会撒谎。"俞大缜的母亲是曾国藩的孙女，而她的姐夫曾昭抡又是曾国藩的曾孙。俞大缜说，这在曾家不是秘密。她母亲不止一次说起，在曾家的其他房与长房（曾国藩长子）发生龃龉时，常有人说："还好文正公没有听李秀成的话当皇帝，要不，他们（指长房）不知会多厉害！"

最后一次见到俞大缜时她已病危，已由女儿接到中央美院宿舍的家中。1988年2月1日，谭先生闻讯赶去。神志不清的俞大缜认出谭先生后，竟喊出了30年代称呼他的小名，还喊着俞大纲的小名，或许她已经回到了青春年华的美好记忆之中。

我所经历的抄家

对不满四十岁的中国人来说，"抄家"一词一定相当陌生，甚至不知抄家为何物。因为在今天中国的法律中，已经没有抄家这一项，公民住宅和财产受到法律保护，搜查或没收都需要经公安部门批准，或经法院判决。但在"文化大革命"期间，抄家是很普通的一种"革命行动"。特别是在 1966 年"文革"初期，一度抄家成风，在任何城镇中随时发生，随处可见。当时的《人民日报》曾发表社论，赞扬"红卫兵"的革命行动："好得很！"的确，抄家是从北京"红卫兵"的"革命行动"开始的，但这股风刮到各地后，情况有所不同，我的经历就可证明。

当时我是上海市闸北区古田中学的英语教师。这是一所只有两个初中年级、几十名教师的新学校，只有三名党员，勉强够成立党支部。我是教工团支部副书记，积极要求入党。"文革"开始时，党支部组织"左派队伍"，成立"核心组"，我是成员之一，负责整理材料，实际成了支部书记的助手。

1966 年 8 月，北京"红卫兵"上街"破四旧"经广泛报道和充分肯定后，上海当天就爆发"破四旧"热潮，随之传来"红卫兵"上门抄家的消息。中旬某日下午，支部书记去闸北公安分局开会，原来是布置抄家。回校后，他立即向其他两位党员和我传达：市委得到消息，北京的"红卫兵"将来上海抄家。为了争取主动，避免混淆敌我界线，执行政策，市委决定发动"红卫兵"小将统一采取"革命行动"，由公安部门、里弄干部予以配合。接着宣布注意事项，抄家的对象由公安局提供名单，里弄干部引路确认，不能搞错，不能随意扩大。查抄的范围是金银财物、现金、反动罪证、变天账、枪支、电台等。要造清单，查抄物资要集中保管，防止遗失和破坏。要宣传政策，坦白从宽，抗拒从严。要文斗，不要武斗，但要打击阶级敌人的嚣张气焰。日常生活用品和粮票、油票、少量现金等不要抄走，让他们能维持生活。对抄家对象要严格保密，不能走漏风声。

他带回来的名单有5家，西宝兴路的周某以前是米店老板，青云路一家是地主，济阳桥附近一家当过伪保长，另两家已记不得了。接着马上开"革命教师"（已被"揪出"的"牛鬼蛇神"或被贴大字报多的对象自然没有资格参加）和"红卫兵"会议，由支部书记布置动员。当时学校党支部还牢牢地控制着局面，"红卫兵"基本都是原来的少先队干部和出身好的学生。接着分工，周某家估计缴获最多，由大队辅导员T带头；抄伪保长这一队特意指派复员军人Y参加，以便万一发现枪支时能现场处理。每队指定一位教师负责登记查抄物资，回校后由老党员W集中保管。我负责各队及支部书记间的联络。那时还没有手机，公用电话也不多，骑自行车来往是最快捷的联络方式。

天黑后，各路整队出发。我随同其中一队，将到目的地时，果然见民警在等候，然后由里弄干部领至被抄对象。大概事先已被看管，主人在家恭候。"红卫兵"一拥而入。可是那家地主只有一间棚户房，家徒四壁。"红卫兵"宣布采取革命行动，经过政策宣传，那地主交出一只戒指。在一片"打倒"的口号声中，"红卫兵"很快将屋子翻了个遍，实在找不到什么值钱的东西，见有不少各色纽扣，就当作战利品交给负责登记保管的教师。"红卫兵"向地主追查"变天账"，地主不知所云，立即挨了一巴掌，被斥为不老实。我悄悄叮嘱"红卫兵"干部"不要武斗"，已有人在砸墙角，往地下挖，看能不能找到反动罪证。我知道不会有什么收获，但又不便多说，只是让负责登记战利品的女教师务必管好财物，就离开了这一家。

接着我到西宝兴路周家。周某原来是开米店的，靠马路是店堂，里面是他的住宅，有几间平房，还有一个小院，在这一带算相当阔气的，去抄家的"红卫兵"和教师大概从未见过。等我到达时，屋内已经翻了个遍，橱柜箱子都已打开，但除了衣服、几件小首饰和少量现金、粮票外，没有什么值钱的东西。有的学生找到一个番茄酱罐头，不知道里面是什么，一定要砸开看，还说要看看里面会不会藏着什么。"红卫兵"正在院里批斗周某，他赤膊穿一条短裤，低头举着双手，衣服被汗水湿透。"红卫兵"高呼口号后，要他老实交代，将金银财宝和反动罪证藏到哪里去了，他虽然不断求饶，却一直说实在没有。

有的"红卫兵"急不可待，已经在房内撬地板，砸门框。我让"红卫兵"暂停一下，到院内休息，将周某带到屋内，让他坐下喝点水。我对周某说："这次抄家是'红卫兵'的'革命行动'，要抗拒绝没有好下场。如果能自己交代，老实配合，'红卫兵'一定会根据党的政策，只查抄金银财物和反动罪证，生活用品会留下，不会影响你家的正常生活。查抄的物品都会登记，留下清单，以后会根据党的政策处理。你要不交出来，'红卫兵'挖地三尺也会找，到时候房子也毁了，你还得从严处理。"我还说："我们是正规的'红卫兵'，是通过派出所、里弄来的，还有党支部派来的老师，严格执行政策。要是碰到自己来的'红卫兵'，东西抄走了连收条都拿不到。"看到他欲言又止，还在犹豫，我又劝他："你这么大年纪了，命要紧还是钱要紧？你听我的话，我保证你的安全。只要把东西都交出来，'红卫兵'不会砸房子，也不会再斗你，办完手续就离开。"这时他说："老师，我听你的，你说话要算数。"我说："你放心，党的政策是坦白从宽，抗拒从严，你现在交出来还是算坦白的，一定会宽大。"

他带我走到一个房间的门口，告诉我可以将门上的司必灵锁取下，原来在锁下面有一个洞，里面藏着两根小金条。又在一堆衣物中找到一个枕头，拆开边线，里面藏着一叠人民币。我肯定他的态度有转变，又说："如果你真的愿意彻底交代，争取宽大，就应该先将最大的东西交出来。我们知道你不止这些。"他迟疑了一下，带我走到院子里，指着矮篱旁一根竹子，说在这里面。这根竹子顶上糊着石灰，敲掉石灰，下面露出油纸包着的一段硬物，原来是一根十两的金条。他说："是老早就放在里面的，不是因为知道你们来抄家才转移的。"的确，竹子已很旧，石灰也是干的。我说："你有实际行动，我们相信你，你可以慢慢想，不要漏了。"就这样他一件件交出来，老实说，要是他不交，就是挖地三尺，一时也未必找得到。最终获得的战利品是三十多两黄金、几件首饰、一千多元现金、一批毛料衣服、皮箱、电风扇等。

此时已过午夜，学校食堂用黄鱼车（三轮运货车）送来肉包子、稀饭。因为战利品多，得等天亮后找一辆卡车运回学校，"红卫兵"留在周家，或席地而卧，或坐着打盹。我让周某与家人睡觉，他说哪里睡得着，开始整理扔在地上的杂物。

第二天一早，从附近工厂调来的一辆大卡车开到，我们边往车上搬东西，边写清单。我根据事先传达的政策，也为了兑现承诺，给周家留下了不少生活用品，如一百多元现金、全部上海粮票等票证，穿过的衣服和用过的器具。如一新一旧两台电风扇，只拿走新的；零星的衣料、旧的皮箱也没有拿走。全国粮票都抄走，因为拿了全国粮票可以到外地用，要防止资本家外逃。

T 和一些"红卫兵"颇有意见，认为我过于宽大，但因为那时我是学校公认的左派，又是党支部组织的"核心组"成员，没有人怀疑我立场不稳。但周某颇有些得寸进尺，不时请求"红卫兵"留下某件物品，惹得 T 大怒："老实些！谁跟你讨价还价。"我怕周弄巧成拙，也训斥他："我们会掌握政策，你少噜苏！"装完车后，我让周某在清单上签字，又将一份清单交给他保存，满载而归。

其他几家都没有抄到什么值钱的东西，伪保长家也没有发现武器（但据说后来被其他单位抄到了）。因为当时只规定上报清单，"抄家物资"暂时由学校保存，我们专门腾出一间储藏室保管，仍由 W 负责。后来学生要烧图书馆中"封资修毒草"，我与管理员在夜间将可能惹麻烦的书挑出来，也放在这间房内。到 12 月时出现"造反派"，接着批判资产阶级反动路线，夺党支部的权，成立"革命委员会"，W 始终管着钥匙，这间屋子安然无恙。

据我所知，这样一类由公安局安排的抄家进行了几天，但"红卫兵"或"革命群众"自发的抄家延续时间更长，次数更频繁。当时有些中学党支部已经失控，只要"红卫兵"提出要抄家，就没有人敢阻止，所以几乎每位中老年教职员或出身不好的青年教师都给抄过家，只是程度不同而已。一些目标大的对象，往往一批抄过又来一批，甚至不知道来者是哪个单位，东西给谁拿走。有的不得不请求被抄对象所在的单位贴上布告，证明已由本单位"红卫兵"抄过。一些中学生的抄家是毁灭性的，不管抄到什么，能砸的全砸光，能搬的全搬走，根本不留什么收据清单。

当时是抄家的初级阶段，目标是金银财宝、"四旧"和反动罪证，不像以后"清理阶级队伍"或"一打三反"那么专业，有特定目标。反动罪证就五花八门，有的令人啼笑皆非。如一些原工商业主家中或普通人家中往往会留有旧账本，"红卫兵"发现后一概称为"变天账"，印有青天白日满地红旗帜或徽记，或有孙中山、蒋介石头像的毕业证书、奖状、证书、纸币，有"中华民国"年号的，有"反党分子"（如当时已被打倒的彭真、罗瑞卿、陆定一、杨尚昆，或邓拓、吴晗、廖沫沙"三家村"）照片、姓名的文章，都成了反动罪证。

本校一位中年女教师因父亲属"反革命"，抄家时也顺便到她家扫了一下，谁知发现重要罪证——原来她用旧报纸剪鞋样，而报纸上本来有毛主席的照片，剪过后就不完整了。更严重的是，在毛主席的身上还有一个个针眼。她当场被打为"现行反革命"，做现场批斗。幸而学校党支部没有将她列为运动对象，她还能将学校当作避风港，尽可能早上班晚回家。

一时间上海风声鹤唳，"四类分子"（地主、富农、反革命、坏分子）、右派（含已摘帽的）、"牛鬼蛇神"（揭批对象，尚未定性处理）、"三反分子"（反党、反社会主义、反革命修正主义分子）、"流氓阿飞"自不用说，就是一部分劳动人民也胆战心惊，因为出身不好或有问题的亲友关系都会被株连，有的就因被怀疑接受抄家对象的转移而被抄。而且一般家庭也免不了有点金银首饰或"四旧"。

当时和事后都听到过一些无法证实的传言：有人将金条包起来扔进苏州河，清洁工在阴沟里拣到大批珠宝首饰。但确有其事的是，银行收购黄金白银的柜台前排着长队，拿着金戒指、"小黄鱼"（一两的小金条，当时牌价96元人民币）、银元来兑换的几乎都是老人小孩，因为真正的主人不敢露面。几天后，大概引起"红卫兵"的注意，银行宣布暂停兑换。"文革"结束后，上海的报纸上曾刊登过一条消息，抄家时有人将大量金银财物交给属劳动人民的亲戚保管，当时自然不会有什么收据或清单。事后双方发生争执，一是双方所说数量相差悬殊，一是接受方称是赠送而不是保管，最后只能对簿公堂。

报上刊登过北京"红卫兵"抄家的伟大成果：价值多少的金银财宝，多少反动罪证，使阶级敌人闻风丧胆，大长了"红卫兵"的威风。还举办过展览会。但上海似乎没有这类综合报道，也没有举办过大规模的展览会。有些单位在内部举办过战利品的展示，或者让抄家对象手持抄出的罪证，甚至穿戴上抄获的"封资修""奇装异服"接受批斗，游街示众。

我所在的学校后来调入两位教师，在"落实政策"和清理抄家物资时我得知，其中一位的父亲是资本家，抄家时发现几十两黄金，是藏在一只煤球炉的四壁。另一位表面家庭贫困，母亲经常到菜场拣菜皮，子女衣衫褴褛，但偶然被抄上万元现款，为此一直在审查，最后查不出什么疑问，却不知怎么处理这笔钱。

当年冬天，一些被抄对象请求领回过冬的衣被，或发还一些钱。我们学校只抄了几家，也没有抄本校教工，记得只有一个人来过。经请示上级，可以按实际情况处理。大概到了第二年，各级"革命委员会"先后成立，上面通知可以允许被抄对象适当领回一些生活用品。过了一段时间，下达了对抄家物资的处理办法，要求各单位成立清理小组，与被抄对象核对查清后，除必要的生活用品可以发还外，金银由银行按国家牌价收购，其他家具衣物等交旧货商店变卖，全部收入存入银行冻结，等待"运动"后期处理。"四旧"和反动罪证上缴统一处理。我们学校保存的东西不多，除了周家抄来的，其余的都不值钱，且全部有清单，大多退回了，这项工作仍由 W 办理。

但大量被毁灭性抄家，或者根本不知道抄家者是谁，更不可能留下清单的人就惨了。他们既无法证明家中的损失，又找不到追索对象，连本单位也爱莫能助。据说到"文革"结束落实政策时，只能适当予以补助。

一时间，淮海路旧货店等处堆满了各种抄家物资，皮大衣、料子衣服、红木家具、沙发、电风扇、收音机、照相机、留声机、钟表、工艺品应有尽有，店堂里放不下，人行道和马路边上也堆着。一把红木椅子只卖 10 元，一套皮沙发几十元就够了，工艺品更不值钱，却没有什么人买。因为高收入的人大多被抄被斗，工资、存款已被削减或冻结，住房也被紧缩，一般家庭住房狭窄，就是白拣也没有地方放。更重要的是，经过"文化大革命"的风暴，已经没有什么人敢保持"资产阶级生活方式"。倒是劳动人民无所顾忌，只要买得起，家里放得下就行。我看到了梦寐以求的英文打字机，以往多少次走过南京东路那家商店，看着玻璃柜里标价上百元的打字机，如今成批堆在地上，最多几十元就能买到。我挑了一台 UNDERWOOD 30 年代的手提式打字机，花了 25 元。那时我住在学校，每天都公开练打字。我不怕有人说我走"白专道路"或追求"资产阶级生活方式"，因为我打的都是英文的《毛主席语录》和《毛泽东选集》，或《北京周报》（Peking Review）。我完全按照正规的盲打训练，至今获益匪浅——用五笔法每小时可以轻松地输入四千字。那台打字机我一直使用到1986年，以后又给我几位研究生练打字。

1979年春天，我已在复旦大学历史系读研究生。一天下午，我正在图书馆看书，有同学告诉我宿舍有人找我。回到房间，见有一位不认识的老人坐着。他自我介绍说是西宝兴路的米店老板周某。他千恩万谢，说幸而当年是由我去抄家，让他渡过难关，现在落实政策，按清单完整无缺，连全国粮票都没有缺。又说他到我原来的中学问到我的地址，得知我考上了研究生，"真是善有善报，你现在高升了"。我顿感惶恐，抄人家还能算善事？连忙解释："这是党的政策，我只是按政策办。"寒暄毕后，我才得知他的来意，现在有一张外国股票可以兑现，家里却找不到原件，问我有什么印象或线索。我告诉他，当时只注意金银财物，也不懂什么股票。要是被红卫兵当成"反动罪证"，早已被撕了毁了。要是没有被发现，也可能在混乱中遗失了。既然连粮票都一一登记，要是真有这张纸，清单上不会缺少。他说当然相信我们认真负责，只是想了解我有什么印象。我说："要是知道股票这么值钱，肯定会注意，可惜当时连股票是什么也不知道，怎么会有印象呢？"我劝他赶快按遗失的结果想办法，因为不会有比我更了解的人了。

四十一年过去了，当年的抄家者和被抄者有的已经去世，有的可能已记忆不清，有的不愿再保留不堪回首的记忆，有的甚至还在炫耀自己的"革命行动"。我倒希望有亲身经历的人都能记录下来，毕竟这是中国历史上不可或缺的一页。

我经历过的"学生政审"

所谓"政审",就是"政治审查"的简称。这曾经是改革开放以前每个成年人或中学文化程度以上的人所必须经历或熟悉的过程——因为从理论上说,人人都需要通过各种方式的"政审"。

在一个"政治统治一切",什么事情都要"讲政治"的社会,对每个人都要进行政治审查,对每件事、每个人首先必须从"政治角度"做出评价,是完全正常的。而根据毛主席的教导:"每个人都在一定的阶级地位中生活,各种思想无不打上阶级的烙印。"阶级地位和阶级烙印就被解释为一个人的家庭出身,所以在一般情况下,政审是从调查一个人的家庭出身和社会关系开始的。

进一步的政审,就要根据不同的要求,如入团、入党、参军、提干、当劳模、评奖、享受各种荣誉、当选代表或委员、成为统战对象、出国、升学、从事某种工作、执行某项任务,甚至能否在某地居住、与某人结婚、上山下乡的方式(插队、农场、军垦)或地点(内地、边疆)等等,需要对本人的历史和言行进行审查,或者扩大家庭出身和社会关系的审查范围。这些都属于常规的、普遍的审查,结果是合适或不合适,或者需要对审查对象实行哪些限制,而不是处理或处罚。如果在政治运动中或针对某种案件，就需要成立"专案组"，设立专案审查，对审查对象专门做结论，作为最后处理或惩罚的根据。

曾经在解放后至改革开放前生活过的成年人，人人都是被政审的对象，只是审查的方式有所不同。而要进行如此广泛而深入的政审，也需要大批不同等级的政审执行者。我出生于1945年，于1964年入团，同年高中毕业，1965年正式参加工作，并提过入党申请，"文化大革命"开始的1966年已经成年，"文革"中一度要借调我进市"写作班"，曾报名支援西藏，1976年几乎入党，1977年被评为市先进工作者，当选为市人大代表，1978年考取研究生。我相信，这中间已经历过无数次政审。但这些，我自己是不可能知道的，最多偶然听到经办者透露有那么一回事。但从1968年开始，我被挑选进了所在中学的"材料组"（专案组的别称），参与审查运动的对象。一年后，学生开始"上山下乡"，接着又有了毕业分配，我兼做学生的毕业政审。"文革"后期共青团的活动恢复，我担任了校团委书记，负责团组织的建立和新团员的发展，又需要对入团对象做政审。直到我考取研究生离开中学，我做了十年的政审，可以说说我的亲身经历。至于"专案组"的经历，因为与政审并不完全相同，留在以后再说。

在上海市区，小学生毕业时还没有什么档案，转入中学的只有成绩单（包括其中的品德评语）和一张登记表。学生的家庭出身、父母亲的工作单位和政治面貌、本人曾经担任过什么干部等一般都根据学生自己的填写，个别特殊情况由校方或班主任注明。入学前后，校方都不会专做政审。对需要担任少先队、校级或班组干部的学生，一般只是通过与原来的小学联系了解。

但到中学毕业（"文革"前分高中、初中，"文革"期间合并为学期为四年中学）前，就必须进行家庭情况与社会关系的政审，填写一张政审表，放进学生档案，转入他（她）下阶段的工作、学习单位或户口所在的派出所。在毕业前的半年（有时因人数多开始得更早），学校就要派人去每位学生家长所在单位，通过查阅本人档案，摘录家庭出身、本人成分、政治面貌、家庭成员、主要社会关系、奖惩记录、有何审查结论或特别需要说明的问题。然后交单位核对无误后签署意见，盖上公章。

父母双方材料齐全后，由政审人员填写表格，摘录的材料作为附件，放入学生档案。父母工作单位不在本市的，可以通过人事部门进行"函调"，对方人事部门会按要求摘录盖章后寄回。一般对方单位都很重视，会按时寄回。但遇到特殊情况，如对方单位还在"武斗"，没有成立"革命委员会"，或者档案被封，或者被调查对象正在审查等（这些情况在"文革"中常有），有时到学生将离校时还未收到。那时打长途电话既贵又难，而且根本查不到外地单位的电话号码，所以只能一次次发信催。

正常情况下，这项工作是由学校的专职人事干部做的，由于工作量大，也可以组织教职员中的党团员协助。我所在的中学"文革"前刚建立党支部，只有三位党员，还没有专职人事干部，加上"文革"中的特殊情况，"工宣队"（工人毛泽东思想宣传队）材料组的成员（包括我们几位参加的教师）就承担了这项工作。每年有上千毕业生，得摘录二千来份档案。那时我年轻，骑自行车，查档案和摘录速度快，又住在学校，所以全校学生多数是由我政审的。

查档案需要县级以上政府部门的专用介绍信，我们先开了"校革会"（学校革命委员会）的介绍信和名单，到"区革会"（区革命委员会，地级单位）开介绍信。由于量太大，介绍信得一本本地开，后来就让我们领回空白介绍信，事先开好后到区里核对盖章。接待单位只认县级以上的公章，专职人员一看公章的直径就明白了。但"文革"中有的单位是新建立，有时会因"区"的介绍信而拒绝，这时就得解释这个"区"比县级还高。介绍信上必须有调查人的姓名和政治面貌（党员、团员、群众），按规定，只能查与自己身份相当的对象，如团员或群众不能查党员的档案。群众和一般干部的档案保管在所在单位，一定级别的党政干部、统战对象或特殊人物的档案保管在上级单位或特别部门，到那里去才能解决，而且不一定就让查阅。遇到家长是党员或干部，我们非党调查者可以请对方人事干部代查代填。

比较复杂的情况，或对方不愿代办，只能另派党员去调查，或专门给上级部门打报告，获得批准后再去查阅。我们的家长中最高级别的是局（厅）级干部、老红军（抗战前入伍）和市劳模，有的表格是由单位代填的，非常简单：某某，党员，副局级干部，其他项目一概空白，或填上一个"无"字。"文革"前期党组织陷于瘫痪，所以不少单位只要有介绍信就能查档案，常常会把党员、干部的档案给我这非党员看。但如果接待者是原来的人事干部，一般都遵守规定，至多抽出一张登记表之类让摘录一下。其实，为了工作便利，我们倒是希望只抄一张表格。

那时中学是就地招生，按学生的居住地分块，家长的工作单位相对集中。如学校附近的3516厂，就是家长最集中的单位。每次政审，我们将名单交给工厂人事部门，去抄上两三天，百来份政审材料就完成了。但一大半家长的单位都是分散的，得一个个去，有的还在郊区。那时交通不便，一天只能跑一个地方。去崇明县要坐轮渡，当天无法往返，一般都发函调。

如果家长没有正式工作，如不少学生的母亲是家庭主妇，或只在里弄生产组工作，有的父母是临时工、外包工，他们的档案得到所属派出所去查，多数人没有档案。对这些人就抄户口本，然后找户籍警或居委会主任核对一下，由派出所盖章。但如果情况比较复杂，如属刑满释放人员、"五类分子"（地主、富农、反革命分子、坏分子、右派分子实际包括"摘帽右派"）或者"内控"（内部控制的对象）就比较麻烦，他们的档案有的在原判处单位或原来的工作单位，有的还在外地劳改单位。但这样的对象恰恰是政审的重点，非查不可。

我政审的对象大多属"劳动人民"，档案袋中只有薄薄几张纸。但"有问题"的人档案会有几大包，如何能不错漏地摘录，又节省时间，既需要正确判断，也得依靠经验。刚开始时我逐张翻阅，速度很慢。后来才知道，自传、检举揭发材料、旁证材料、调查笔录等不必看，只要找到主要表格或审查结论就可以了。有的结论很不规范，如有的家庭出身、本人成分栏中所填往往与政策不符，或者纯属杜撰，有的结论前后矛盾，时间不对等等。遇到这种情况，就得找人事干部或单位负责人。有时他们也解释不了，或不知所云，那就拣轻的抄，或者在征得他们同意后不抄。有时翻到一大包材料，出于好奇，我会仔细阅读，倒了解了一些平时从来没有机会了解的情况。其中不乏一些骇人听闻的事实，使我感受到了阶级斗争、政治运动的残酷无情。

如一位被枪决的"恶霸地主"的全部材料就是一张草草书写的"判决书"，没有任何旁证材料。记得有一次到"提篮桥"（上海市监狱）抄来的一份材料，本人因贪污判刑三年，罪行是当公共汽车售票员时贪污了几十块钱。检举揭发他人的信件，特别是针对领导的，往往留在本人的档案中，还加上领导要求对该人调查的批语，甚至已做了"恶毒攻击"、"阶级报复"等结论，可怜本人还一无所知。

解放初，绝大多数人填表格或写自传时都极其忠诚老实，特别是在政治运动中，或自认为出身、经历或多或少有点"问题"的人，都点滴不漏，惟恐涉嫌隐瞒历史，欺骗组织。那些要求入团入党、靠拢组织的积极分子，更将这当作相信党的具体行动，往往连道听途说的话也会当事实交代，心里有过的想法也要汇报。如有的人解放前当码头工人，拉黄包车（人力车），为了相互照顾，拜过把兄弟；或者为了寻求庇护，拜过师父。在填写社会关系时会写上：结拜兄弟某某系恶霸，被政府镇压。师父某某，听说逃往台湾。有人上过大学，会将同学作为社会关系一一列出，其中免不了会有"去美国留学未归"，"随蒋匪逃台"，"是三青团骨干"等。于是，明明本人属"苦大仇深"的工人阶级，或党员干部，却已列入"内部控制"，在档案中写上了"有反动社会关系"，"社会关系复杂，有逃台蒋匪特务"。到"文革"中"清理阶级队伍"时往往成为重点审查或批斗对象，甚至成了"里通外国"、"敌特嫌疑"，本人受罪，还祸延子女，使他们在入团、分配工作时受到种种限制。

毕业家庭政审一般限于父母，但父母双亡的则还得调查抚养者（监护人）。如直系亲属中发现有"杀（被判死刑）、关（被判徒刑）、管（被判管制、劳动教养）"对象，则还得补充调查，至少要抄到正式结论。

这份政审表格就成为学生档案不可或缺的一部分，学生毕业后不管是下乡还是就业，都要带上这份材料。有的单位要先看档案，审查合格后才会接收。没有下乡或就业而留在家里的学生档案，到一定时候就转入所属派出所。

如家庭出身不好，属地主、富农、反革命、坏分子、右派分子（往往包括已"摘帽"的），军垦农场和黑龙江、吉林、内蒙古、云南等边疆地区的农村一般不会接收，除非是个别能坚决划清界线的积极分子典型。分配工作时，对进入国际海运、军工单位、"保密厂"、"要害部门"的人也会严格审查，有时还得补充调查直系亲属和重要的社会关系。对资本家、小业主、有"历史问题"但已作结论者、属"人民内部矛盾"的审查对象、经济问题（一般"投机倒把"、"多吃多占"、"小偷小摸"）、生活作风问题等没有严格规定，往往因人而异。只要学生本人可以，一般会网开一面。

政审表格是不与本人见面的，班主任和其他教师也不能看，但对分配有一定限制的对象，会给相关教师提醒一下，不一定透露具体内容。教师往往颇感意外，甚至大吃一惊，例如最钟爱的好学生、学生干部就此与某些机会无缘。但当时人都明白"政治"与"家庭出身"的重要性、神秘性，一般不会问，或不敢问具体情况。

对入团或当校以上干部，如市级、区级"红代会"（红卫兵代表大会）或团委的学生委员，如在家庭政审中发现问题，要找本人谈认识。如果学生不知道，就让他们回家问父母，然后写成书面认识交来。如属阶级立场一类重大问题，还必须在入团审批会上公开谈认识，由团员视其深刻程度决定是否同意入团。隐瞒情况或认识不够的自然就此淘汰。

征兵的家庭政审要严格得多，不仅要查父母和直系亲属，还要查主要社会关系。不仅要抄结论，有问题还要摘录具体材料，包括正在审查或未作正式结论的问题。70届征兵时有位学生的父亲是3516厂的老工人，历史清白，家庭出身和社会关系毫无问题，却受了档案中一句话之累。原来他在业余学文化时做造句，造了一句"我们都盼望蒋介石回来"。因为当时正宣传"和平解放台湾"，国家领导人说如果蒋介石愿意回来可以让他当副委员长，所以这位刚摘了文盲帽子、对"盼望"半懂不懂的工人写了这样一句话。结果可想而知，无论我们如何解释，部队坚决不收。他父亲来找我询问原因。我内心十分同情，却不能透露，只能说些安慰的空话。

我还接受过两次比征兵要求还高的政审。一次是"文革"后期，上海开始办外语培训班，按王洪文的说法，要培养"红色外交战士"、"工人大使"。从应届中学毕业生中挑选，经审查合格后直接入学。那次我们中学分配到一个名额，先挑出几位表现好、家庭出身等方面尚未发现问题的学生，初审后进行比较，集中在一位父亲是党员、一般干部的男生。对他的政审遍及所有能找到的家庭成年成员和社会关系，最后报送成功。

学生本人的表现一般由班主任写评语，"文革"中一度改为由"红卫兵排"（相当班委）或"革命小将"自己鉴定。实际上教师害怕得罪学生或影响学生分配工作，都不敢再写。学生自己写的接收单位也不会当真。我负责管理全校差生，有不少学生自己写的检查、"认罪书"，还有公安局、派出所、"文攻武卫"（一度存在，相当治安队、联防队）等转来的材料，这些都不是正式的处理决定，都不随档案转出。个别学生被公检法（那时公安局、检察院、法院合而为一）判刑或送劳动教养的已经开除，我们不必再管。一般性拘留审查的不算正式处理，材料留在公检法。

相比之下，学生本人的材料反而不如家庭出身重要。我的记忆中，除了毕业后出了什么事，所在单位来校了解，我们从未在毕业生档案中主动附什么材料。某年盛夏的一天下午，突然接到无锡传染病院打来的电话，称我校一位学生正在该院，有重要"政治嫌疑"。我与一位工宣队材料组长连夜乘火车赶去。原来该生在其姐工作的医院过暑假，那天在公厕蹲坑旁发现"打倒毛"三个字，经当地公安局侦查，他是主要嫌疑对象。我与他谈了一个上午，软硬兼施，他都没有承认。我越来越相信非他所为，坚决要求对方提供证据，看到了公安局的鉴定书原件。原来写着"因送检字数太少，难以比较，该人书写的可能性较大"。我以鉴定不符合规范为由，拒绝接受该材料，将学生带回。此事在我校从未公开，连班主任都未告诉。不久该学生毕业，从未听说有任何"反动"行为。

不过，在这十年间，经我们之手产生的"政审材料"，更多的是使一些学生从毕业之日起就戴上了无形的枷锁，受到种种限制和不公正的待遇，被打入另册。而本人及家人可能根本不知道真正的原因，因为其中大部分纯粹出于冤假错案，或极左、教条、不负责任的做法。要不是拨乱反正、改革开放，或许我会一辈子做这样一件名为"坚持政治方向，贯彻阶级路线"、实则伤天害理的事。

如今，我作为研究所所长、图书馆馆长，先后接收过很多硕士、博士研究生和新员工。他们都有档案材料，但我从来没有去查过他们的家庭出身或社会关系，我重视的是面试，看重他们的实际能力和表现。每当他们被愉快地录取、取用，或拿到毕业证明、获得学位时，我不由得感叹："年轻人，可知道你们有多幸运！只要凭自己的努力，你们就能获得这一切。"

功夫在"书"外

　　所谓"治学"，无非是指学习或研究自己的专业。我的专业是历史地理，与今天的学生相比，我进入专业领域实在太晚了——1978年10月才考取先师季龙（谭其骧）先生的研究生，还差两个月就满33岁了。而在此之前，我的全部学历是高中毕业加上一年上海外语学院夜大两年级。报考研究生时我并不知道历史地理专业的确切定义，以为是历史加上地理——都是我喜欢的专业。另一方面，是因为当时新婚成家，不想离开上海，只能在上海的大学和导师中选择。到复试阶段，看了当时上海图书馆能找到的有关书籍，包括先师和顾颉刚、侯仁之、史念海等人的一些论著，才知道并非自己所想的那么简单。

　　研究生入学后，发现四位同门中，两位是本校本专业的毕业生，一位是南京大学历史系本科毕业，一位虽非历史或地理专业出身，却也毕业于名牌大学，且有多年的工作经验，我起点自然最低。我们的年龄排列也很巧——每人差一岁，我也是排在最后。

　　开学时，谭师还是住在华东医院，为我们上的第一堂课就是在医院的大厅中进行的，以后才转到医院附近辞书出版社的一间会议室。除了政治、英语和我自己加修的日语外，没有其他课程，剩下的时间都是自己找书看。见其他同学都已轻车熟路走上正轨，我却还不知道从何入手，只能按照先师布置，从读《汉书·地理志》入手。看到有的同学确定了研究方向，有的已在撰写论文，心中更感焦急。但一年多后，学校领导决定由我担任先师的助手，使我获得了特殊的机会。当时先师已69岁，由于在1978年初突发脑血栓留下半身不遂的后遗症，左侧手脚行动不便，但他的学术和社会活动相当繁忙，承担着多项重大科研项目。我担任他的助手后，一般每周去一二次，电话联系就更频繁，帮他整理材料，处理信件，安排日常事务，也做些科研和教学的辅助工作。在他外出时，我一般全程陪同。

1981年5月13日，我陪先师赴京出席中国科学院学部大会，接着又在香山参加民族史讨论会，到6月1日才返回上海。这是我第一次陪先师外出，也是平生第一次乘飞机。此后直到1991年10月他最后一次发病，除了我去美国访问一年外，我一直陪同他外出，最多的一年有13次之多，最长的一次达半年。

由于朝夕相处，随时可以得到先师的耳提面命，我不仅逐渐熟悉了先师的学术思想和成果，也了解了他的治学态度和方法，包括他尚未发表的观点和正在探索的问题。例如对历史上的中国应如何解释，如何界定，这样的探讨经历了很多年，在"文革"期间曾以此为题做学术报告，但当时难免不受到"左"的思潮的影响。1981年在民族史讨论会上他又就此问题做了一次报告，但在整理发言稿时仍有一些地方不满意。

多年后此稿发表，他仍不时与我谈及其中一些观点。《中国历史地图集》出版后，发表了一些有影响的评价文章，他觉得有些方面没有说清，或者并没有涉及要害。在他的启示下，我也写了一篇，较深入地讨论了一些旁人较少涉及的内容。他觉得有新意，认为有些问题应该在编绘《国家历史地图集》时加以改进。又如他撰写《论〈五藏山经〉的地域范围》一文时，我陪他经历了从确定题目，收集资料，解决难题，到分享完成的喜悦的全过程。与其他同学及同事相比，我不仅增加了很多接受先师言传的机会，更能随时接受他的身教，学到必须身心意会的学问。

1981年10月8日，我顺利通过硕士论文答辩，该文当年底即在《中国史研究》发表。1982年3月，我被录取为先师的在职博士生，一年多后，我完成了课程和博士论文，经教育部特批提前毕业，于1983年8月通过论文答辩，8月获博士学位，为全国文科首批。1985年提升为副教授，1991年晋升教授，1993年被评为博导。1996年任复旦大学历史地理研究所第三任所长，1999年兼任教育部首批人文社会科学重点研究基地"复旦大学历史地理研究中心"主任，2004年被聘为中国地理学会历史地理专业委员会主任。

由于我对先师的道德文章有更多亲身体验的机会，对他的学术和经历有更深入的了解，我先后为他起草了自传、学术概述，在赵永复先生整理的基础上整埋编辑了他的论文选集《长水集》上下册，还帮他整理了几篇论文。先师归道山后，我整理编辑了《长水集续编》、《谭其骧日记选》，为他撰写了70多万字的传记《悠悠长水》。在协助他工作的过程中，我也有机会分担了一些重大科研项目，如《中国历史地图集》的修订，《中国历史大辞典·历史地理分册》的编纂等。1982年12月，我因陪同先师出席了《中华人民共和国国家历史地图集》的首次编委会，后担任其中的人口图组组长，以后增补为编委，兼任编辑室主任，承担日常编务。这些经历不仅使我较快地具备了独立从事重大课题研究的能力，而且增加了这类大型、长期、多学科、多单位合作的科研项目的运作管理方面的经验，使我受益无穷。

在担任先师的助手期间，我随同他参加过很多重要活动，如几次中国科学院学部委员（院士）大会和相关活动（如视察和评估相关的研究所、选举新院士等），国务院学位委员会学科评议组、国务院古籍整理出版规划小组、中国社科院、中国史学会、中国地理学会、中国地方志协会及其他很多学术会议或工作会议，到了国内很多地方，有机会见到很多学术界前辈，有时还能问学受教，对上世纪80年代还健在的历史学界和地理学界的大家名人，我几乎都有直接的印象。这些都是中国学术史的组成部分，我有机会亲历，曷其幸哉！

我的第二项"书"外功夫，是对专业以外的关注。由于高中毕业以后就当中学教师，除了读过一年夜大学外没有受过正规的学术训练，在报考研究生前，我并没有什么"专业"的概念，只是随心所欲地看书，积累知识。虽然我一向喜欢文史，但对自然科学也有兴趣，加上"文革"期间既无书可看，又不敢再作"成名成家"的打算，只是满足个人兴趣及当教师的需要，所以只要能找到的书报杂志我都会看。当时有一种内部发行的《国外科技动态》，我每期必看，遇到弄不明白的地方，或者一度流行的新技术，我会找学理科的同学请教。但我不求甚解，浅尝辄止，明白基本原理就行了。像射流、可控硅、风洞、仿真学、大规模集成电路、超导等概念和知识，我就是这样弄清楚的。年轻时记忆力强，当时学到的往往能长期保持。对国内外新闻中涉及的科技知识，我也会想方设法找书看，找人问。林彪外逃和尼克松访华后，《航空知识》一度成为我的必看杂志。上海开始造大飞机后，我一位学航空的同学正好参与，使我又学到不少飞机方面的知识。

读了研究生，特别是选择历史地理专业后，我才发现以前无意中积累的知识对我大有裨益，因为历史地理本身就涉及历史、地理和不少相关的人文、社会和自然学科，需要较广的涉猎和触类旁通。这样的兴趣我一直保持至今，只要有机会就会利用。去年暑假参加学校的工作会议，我与高分子化学系主任同住一室，趁机问了不少问题。参观山西平朔安太堡露天煤矿时，矿方专门派了一位技术人员陪同，让我证实或更新了一些旧概念。

在信息爆炸的时代，不加选择地吸收新知识既不现实，也绝无可能。但这并不等于说，一个人只能或只需要将自己局限于本身狭小的专业。另一方面，在知识的汪洋大海中，的确要有所节制，分清主次，不能贪多，或者随波逐流，没有自己的目的和主见。正因为如此，我对其他学科的了解，一般仅限于基本原理和最新进展。对过于高深或自己一时弄不明白的问题，我总是及时放弃，绝不坚持。

尽管如此，这些专业以外的知识还是使我受益无穷。学问的基本原理是相通的，研究的基本方法也是通用的。历史地理研究本来就涉及人文、社会和自然科学的不少领域，借助于其他学科的研究手段，正是开拓新领域的捷径。我在历史人口地理、人口史、移民史、环境变迁、人地关系、文化地理、文化史的研究中，都曾得益于以前随意涉猎的结果。我曾写过一本《未来生存空间·自然空间》，多少提出了一些个人见解，其中就运用了不少自然科学的研究成果。

近年来，我们与哈佛大学等单位合作，研制"中国历史地理信息系统"，目标是达到世界最先进的水平。由于中国有世界上最悠久的、延续的、完整的历史地理资料，在内容上的先进是有保证的，但在技术方面，也要保证先进，才能在总体上达到世界最先进的水平。我没有能力掌握先进技术，但作为项目主持人，我必须了解有哪些先进技术可以利用，并解决利用中可能遇到的困难。在制定编码方案时，我们曾经请国外一位专业人员设计，他搞了一段时间没有成功。在与他讨论时，我明确提出对"一地一码"的技术要求，将他做不到的原因归纳为：现有的技术达不到我们的要求，现有设备的容量与速度满足不了我们的要求，资金与人力不足，他缺乏能力。由于我对相关的方面有一定的了解，他不得不承认是他个人的原因。我们停止了与他的合作，自己解决了编码中的难题。我们确定的"一地一码"的编码原则和具体方法，用"数据标准化"处理史料中时间和空间的模糊性，都得到了国际同行的肯定。

如果说我的第二项"书外"功夫毕竟是"书"的延伸或扩展，那么我的第三项"书外"功夫就与"书"完全无关了，那就是社会经验——各种社会活动的参与和对社会的了解。对我来说，并非出于自觉的选择，而是不得已的。

我从1964年开始当实习教师，1965年8月正式当中学教师，但不到一年"文革"爆发，此后的十余年间就不务正业了。作为学校的"笔杆子"，我自己写或代别人写过各种各样的文字——表态性或揭发批判的大字报、大批判文章、致敬信、决心书、斗私批修材料、"活学活用毛泽东思想"讲用稿、自我检查（曾代党员、"当权派"起草）、"批林批孔"文章、先进典型总结材料、审查报告、处分决定、各种布告、讯问笔录、判决书（以区"公检法"名义）、慰问信、悼词，凡当时用得上的文体几乎都写过。在学校里，上至"第一把手"（如"工人毛泽东思想宣传队"队长、革命委员会主任、党支部书记）的报告，某人在市、区会议上的发言，下至某党员的"斗私批修"、某小流氓的检查书，都写过或改过。1976年毛主席逝世后开全校追悼会，全部发言稿都出自我一人之手。1973年，上海市写作组为了适应教育"大批判"的需要，选拔物色年轻、有实践经验的教师，我被选中，学校已开了欢送大会，只因临时被别人顶替，才使我未进"写作班子"。

"文革"开始当天，我就搬进了党支部办公室，负责整理材料。学校"革委会"成立后，我成为"材料组"（又称"专案组"）成员。"工宣队"进驻学校后，我被留用于"材料组"，"清理阶级队伍"、"落实政策"、"清查五一六"、"一打三反"等运动的内查外调和材料整理大多是我做的。我外调的足迹南至广州，北至京、津，像苏北各县，几乎都跑遍了。还有日常的材料工作，每位学生离校，无论是上山下乡，分配工作，还是参军、上学、入团，或者某种特殊需要（如解放军总部来人"选美"，据说与林立果有关），都需要查阅学生家长的档案并加摘录，像进外语培训班、当国际海员等还得"查三代"和社会关系，这些年间我不知着过多少份档案，也了解了不少以往根本想不到的事实。

"复课闹革命"后，我开始管理差生，以后当了"红卫兵团"辅导员、学生团委书记和"教革组"（相当教导处）成员。当时"公检法"（公安局、检察院和法院合在一起）实行"群众办案"，我校的学生被抓了或涉案，就要派人去协助办案。我去了两次后，就被邀继续办下去，对象也不限于本校或学生。三年间我俨然成了闸北区公检法的一员，有合用的办公室，经常出入拘留所、派出所，在分局食堂用餐，提审，做笔录，整理报批材料，拟判决书，押送犯人去外地，行使拘留逮捕，这些事都干过。与此同时，我也成为学校的"派出所所长"，对学校管不了的学生，就移送公检法。当时学生都按地区入学，来自同一街道，加上不时有与街道里弄配合的活动，我的管理范围又扩大到校外。我处理过的事，既包括持刀行凶、聚众殴斗、"反动标语"等一类必须交"公检法"处理的大事，也有家长里短的小事，如邻里纠纷、家庭失和、同学打架、教室失窃、师生冲突等。学校或地区举办重大活动，我总会在场坐镇。有些教师课堂秩序无法维持，我也得赶去"镇压"。

这样的经历，一般教师或校长大概很少会有的，这也使我学到了很多在书本、课堂、校内学不到的东西，对社会有了比较深刻的了解。当我进入史学领域后，我认识到，要读懂史料的文字内容固然不易，但真正的困难是要读懂文字的真实含义，即文字背后的事实真相，那十余年的经历积累下来的经验意外地帮了我的大忙。我经常对学生说：以往的社会现象是无法重现的，但如果你了解了今天的社会，再了解过去社会就比较容易了。

以上三点只是个人的体会，并非普遍的经验。例如第一点，就是可遇不可求的机会，多数人没有那么幸运。第二点，如果有了机会或可能，就应该积极争取，倍加珍惜。第三点其实也是意外收获，当时是不得已的，并不值得效仿。但现在的学生和学者同样需要了解社会，增加实践能力，对从事人文科学研究的人来说尤其重要。

读萨苏的书，回忆中国抗战

　　我出生于1945年12月，抗日战争已经胜利结束了几个月。但在我有记忆开始，上一辈人有关"东洋鬼子"、"矮东洋"、"东洋乌龟"的回忆就不绝于耳，日本兵如何烧镇上的房子，如何强暴"花姑娘"，"逃难"的日子如何艰难，当"良民"如何受屈辱，都在我幼小的心灵留下深深的烙印。镇上不止一处"火烧白场"（被火焚毁的房屋废墟），有的依然荒废，有的已成为我们游戏的场所，有的已被新建的房屋覆盖，但老人们都能一一指认，哪一处是"长毛"（太平天国部队）烧的，哪一处是日本兵烧的。

　　有关抗日战争的课文、歌曲、小说、戏剧、电影伴随着我们这一代人成长，《平型关大捷》、《百团大战》、《奇袭阳明堡》、《狼牙山五壮士》、《白求恩》、《松花江上》、《保卫黄河》、《游击队之歌》、《太行山上》、《延安颂》、《抗大校歌》，《鸡毛信》、《小兵张嘎》、《铁道游击队》、《平原游击队》、《敌后武工队》、《烈火金刚》、《野火春风斗古城》、《地道战》、《红灯记》、《沙家浜》，持续不断地加深着中国共产党、八路军、新四军、革命群众的英雄形象和日本侵略者、汉奸、伪军、卖国贼和国民党反动派的丑恶面目。

　　记得1957年我刚随父母迁居上海，"日本商品展览会"在上海举办，这是战后第一次在上海升起日本国旗。据说，要不是政府防范在前，肯定会有爱国青年将它扯下。但另一种声音也逐渐增强——要把日本军国主义与日本人民区别开来：日本人民反对战争，他们也是战争的受害者，愿意与中国友好，现在正在与美帝国主义及日本反动派做斗争，所以我们应该支持日本人民的反美爱国斗争。每年的广岛、长崎原子弹爆炸纪念和日本禁止原子弹、氢弹的活动，中国都会派代表团参加，特别是对"日本人民反对《日美安保条约》斗争"的支持更有集会、游行等多种方式。1960年夏，我在上海参加高中入学考试，作文的试题就是《给日本朋友的一封信》。

"文化大革命"期间，"反修"的口号越叫越响，"苏修"（苏联修正主义）成为头号敌人，对日本人民的支持又增加了"收回北方四岛"。为了揭露日本军国主义复活，在国家干部范围内放映日本"反动影片"《啊，海军》、《山本五十六》、《日本海大海战》。中学教师算是干部，也属观看人员。其中一次我正带学生在农村劳动，接到通知专程赶回上海看半夜一场。尽管是带着批判的眼光，对第一次看到正面显示的日本军容还是十分震惊。

改革开放以来，抗日战争的历史事实得到更全面的实事求是的评价。我也从中学教师成为历史专业的研究生，又成为历史地理专业的研究人员，因而有更多机会了解历史真相，进行专题研究，参加史迹考察。滇西抗战五十周年时，我去云南保山参加学术讨论会，会后又考察了松山、龙陵、腾冲等战场遗址。当最后来到国殇墓园，面对数千为国献身的英魂时，我不能不感到惭愧和遗憾——为什么烈士们身后寂寞了那么长的时间？近年来，我读到的史料更多，对抗战的了解也更全面。但我深知，我所知还只是某些片断，就是中国方面的记载也了解不多，何况还有日本方面及其他国家的史料？像南京大屠杀的一部分证据，就是德国、美国、英国等外国经历者的记录。

1997年我在日本京都的国际日本文化研究中心当客座研究员，发现图书馆中有不少战时的电影资料录像。其中一部分是由"满映"（伪满洲国"满洲映画株式会社"）拍摄的新闻短片，我全部看了一遍，这才知道我从小就开始看的"新闻简报"原来是从"满映"学来的。这些新闻片自然都是为日本侵略中国作宣传而制造的。但多少也显示了一些事实，如日军进攻上海时曾在爱国女中遭到中国军队的激烈抵抗，占领该校后，分别为"皇军"和"国军"阵亡者设了灵位，影片中出现了日本军人同时向两个灵位献花致敬的画面。东北的民众在日本和伪满的驱使下，加紧采煤，连妇女也在工厂参与装配飞机。汉奸政权组织市民，在上海外白渡桥手持小旗夹道欢迎日本军队。溥仪访日时表面受到隆重欢迎，而汪精卫的尸体用专机运回南京时一派冷清。

在日本的图书馆中还有大量相关史料，可惜因为我专业研究以外的时间太少，读日文的速度又太慢，无法涉猎。如果我以抗战史或近代中日关系为研究方向的话，日本方面的史料肯定与中国方面的史料具有同样重要的地位。在与日本学者交流时，我发现，除了文化背景方面的差异外，依据的证据不同，也是造成双方分歧的主要原因。但对方提出的相反证据，我往往闻所未闻，在以往接触到的中国学者的论著中从未提及。2004年我在台湾暨南国际大学讲学期间去雾社参观，因为早就知道"雾社事件"或"雾社暴动"。回校后，与在该校任教的滨岛敦俊教授谈起，他却列举一些我从未听说过的事，提出了相反的理由。如果只是对同一事实的不同理解或不同观念，我们完全可以继续讨论，或者求同存异。但在没有弄清事实的真相前，原则性的是非标准是毫无意义的。

所以，当我读到萨苏先生的书稿时，立即决定要向读者推荐，因为此书有利于我们更全面地了解抗日战争的历史。写这本书，萨苏先生可谓得天独厚——他的家庭和社会背景使他有机会接触到或听到抗战留下的人物或事件，不少是不见于正史记载的。他供职于一家美国公司，却长期派驻日本，有机会深入了解日本，并收集他感兴趣的资料。从已经收录入书稿的内容看就相当广泛，包括当时的公开报道、内部报告、通讯、回忆、谈话、照片、地图、书影，据说其中不少是首次在中国发表，至少我是第一次见到。但我们能读到这些文字，还得感谢他对资料的严格选择和客观分析。尽管他没有受过历史学的专业训练，但在尊重事实，实事求是方面并不亚于历史学者。

或许有人会担心，多用日本方面的史料会使读者误解抗战历史，或者会在客观上减轻日本的侵略罪行。其实恰恰相反，事实越充分，结论越明确。双方的史料放在一起，即使相互矛盾，也比各说各的要强，在此基础上得出的结论才经得起历史的检验，对双方都有说服力。例如，对战争中双方的伤亡人数，作者既介绍了日方公开报道中的吹嘘，也公布了日本内部报道中承认的数字。又如，从日本方面的史料看，八路军的确曾击落一架日本侦察机，但迄今为止中国方面未见任何记载，显然当初就被忽略了。要不是作者的发掘，中国抗战史就缺少了这光辉的一页。

萨苏先生的文章也很有吸引力，语言亦庄亦谐，举重若轻。

某些段落在专业人士看来或许稍显夸张，但作为普及性读物也无伤大雅。

　　我与萨苏先生素不相识，读到编辑发来的书稿才首次得知其人其文。因希望与更多读者分享，我乐意写下这些话作一介绍。未知萨苏先生以为然否？

我的从教心得

记得我读研究生不久，先师季龙（谭其骧）先生谈及撰写论文。先师说：写论文选题很重要。题目选得不好，花再多功夫也做不出好结果。他举例说，同样研究长江河道的变迁，如果选中游，或许能发现不少问题，写出高质量的论文。但有人选了下游马鞍山到南京一段，但这一段河道本身变化不大，即使作者尽了力，还是做不出什么结果，自然写不成高质量的论文。

这使我明白了一个道理——写论文和研究还是有区别的。研究可以有目标，却不必也不能规定具体的成果。研究下来可能会有肯定或否定的结果，也可能什么结果也没有。但写论文就不同，因为并非所有的研究都能写成论文的。要是什么结果也没有，什么结论都没有办法做，还写什么论文呢？

拿学位论文来说，现在一般都强调要有新意，有创造性。当然能达到这样的水平最好，但至少也得通过论文显示作者已经掌握的基本理论和概念、研究方法和能力、具体成果和水平。我将博士论文戏称为博士生的"高级技巧表演"，原因就在于此。这并不是说博士论文不需要有创造性，或者不讲学术质量，而是要强调博士论文基本的、有限的目标——必须在规定的期限内写出足以证明作者是否达到学位培养水准的论文。因而，选题的重要性不言而喻。我认为选题应不大不小，太大了涉及范围太广，不能穷尽，难以深入，也无法在二三年至多三四年内完成；太小了就不能比较全面地显示作者已具备的能力和已达到的水平。

自从1989年我单独指导研究生至今，我都让他们自己确定选题。非到不得已的情况，我不会提出我的建议。因为只有学生自己选定的题目，才能充分考虑自己的优势和不足，扬长避短，才会有足够的自信和兴趣做下去，才有可能达到较高的水准。还得做些调查了解，看看是否有最低限度的史料，已有研究成果留下多少发展余地。有几次学生自己选的题目被我否定了，在说明理由后，新的题目还是让他们自己选。这些年间被评为优秀的和陆续出版的博士论文，都是由作者自己选题的。

现在，王大学的博士论文经修订后及时出版。翻阅一过，更使我深信选题的重要性。

作为一篇历史地理学科的博士学位论文，江南海塘这一研究对象有丰富的研究领域，涉及历史自然地理和人文地理很多分支。海塘的建造、维护、废弃、重建必须顺应海陆变迁，抗御常规或异常的灾害；必须具备必要的人力和物力，获得基本的建筑材料，还需要有相应的精神支撑；建造和维护的过程既要有行政权力的保证，也要有民间的合作和官民的互动。另一方面，明清以来的江南是中国经济文化最发达的地区，文献资料丰富，保存相对完好，海塘研究所涉及的方面大多能找到相应的资料，甚至还有记载详尽的档案和描述精细的地图，可谓得天独厚。更加幸运的是，这样一个重要的选题，此前的研究还很有限，留下了相当大的发展空间。

不过，要将选题的优势变为成功的现实，就取决于作者的努力。我另一位学生曾经选了一个很有发展潜力的题目，在调查考察中也发现了大量尚未引起重视的原始资料，可惜因为种种原因而放弃了。而王大学从硕士生期间开始，始终以江南海塘为研究目标，锲而不舍。为了进行比较研究，他不仅研读了英国历史地理学家达比的论著，还利用我访问诺丁汉大学之机，找来了英国研究泰晤士河堤岸的博士论文。为了不漏掉一条史料，他曾请本所的台湾硕士生在台北的图书馆借书核对。至于论文的质量如何，已有进行评阅的诸位导师和答辩委员会全体导师作了结论，各位读者也可做出评价。

王大学出身农家，却有志于学。有一年，我去河南师大讲学，他当时是历史系的学生。回来不久就收到一封来信，正是他听了我的报告后写来的。在信中，他表达了报考研究生的愿望，也谈了对现实的困惑。我给他回信，肯定他的志向，鼓励他树立信心，也谈了一些具体看法。据说得知他报考我们所研究生时，有的老师还以为他异想天开，但最后他如愿以偿。如今，他已获得博士学位，成为复旦大学中国历史地理研究所的讲师，承担了重大的研究项目。他当初的追求已经成为现实，希望他确立更高的目标，持续地追求下去，这就需要他在学术研究和人生道路上不断确定新的选题。

殉葬品和掘墓人："文革"期间的中学教师

20年前，为了纪念"文革"10周年，某出版社约我写两篇文章，其中之一，就是这篇讲"文革"期间的中学教师的。因为我从1964年当实习教师，1965年正式当中学教师，整个"文化大革命"期间都在中学工作，直到1978年考上研究生才离开。虽然这不是回忆录，但其中所举事例全部是我亲身见闻。

毕竟是20年前的旧文，校阅一遍后发现有些说法已不同于我今天的文笔。但我觉得还是不改为宜，以保存一段20年前的历史。当时去"文革"未远，亲历者尚多，文中所用"文革"语词都还熟悉。考虑到今天的读者会不知所云，或者产生误解，交稿前又加了一些注。对比我年长的人来说，无异画蛇添足，自然不必浪费时间。

平心而论，"文革"前的中学教师只能算是知识分子中的下层。一、二级教师即使在市重点中学中也是屈指可数的，在普通中学和新办中学中，连三、四级教师也是寥若晨星，能享受高级知识分子待遇的人是极个别的。教师的工资最低不到四十元，而以五六十元居多，八十以上已属高薪。有的学校虽有"统战对象"，大多也是民主党派的一般成员，三年困难时期还领不到"黄豆票"①。令人羡慕的寒暑假已经越来越多地被"社教学习"、"学大庆"、"小四清"、下乡劳动等所占用。唯一的"政治待遇"是可以看《参考消息》②和若干"内部书"（如溥仪《我的前半生》）；当然听文件时能享受干部待遇，但付出的代价是任何运动中也逃不了干部"待遇"。不过中学教师们甘于淡泊，习以为常了，很少有人想另谋高就。加上对"资产阶级思想"、"白专道路、"成名成家"越来越严厉的批判，以"专家"、"教授"为奋斗目标的人即使还有，也只是凤毛麟角，而且也不便公开表白了。

但是谁也没有想到，随着"横扫一切牛鬼蛇神"一声号令，中学教师一夜之间被抛到了"斗争对象"的最前列，成了知识分子中受冲击迫害最严重的一部分。这倒并不是哪一位领导或哪一条路线做出的决定，也从未见诸哪一号红头文件，而是他们的学生——这批被狂热的个人崇拜和"造反精神"煽动起来的、似懂非懂的"革命小将"③，决定了他们的厄运已在劫难逃。

1966年6月初，紧接着北大聂元梓等人"全国第一张马列主义大字报"和《人民日报》社论《横扫一切牛鬼蛇神》、《触及人们灵魂的大革命》的发表，各中学党支部得到上级紧急部署，立即发动全体师生响应中央号召，用大字报揭露一切反党反社会主义反毛泽东思想的言行，横扫一切牛鬼蛇神。各中学

---

① 三年自然灾害期间，因粮食和副食品供应极其紧缺，并且都要凭票，对高级知识分子和民主党派负责人等统战对象发给可购买副食品或在指定地方就餐的票证。其中最低等级的是每月可凭票购买2斤黄豆。

② 当时规定17级以上干部方可订阅《参考消息》，中学教师可以集体订阅，集中保管在学校。曾经有人因在公共场所看《参考消息》，或带回家中被定为"泄漏党和国家机密"，受到处分。"文革"期间的大字报中也不乏揭发此类"罪行"。

③ 开始时是指"红卫兵"，稍后即泛指全体学生。或简称"小将"。学生也以此自称。但对小学生一般称"红小兵"。

领导和教师还被要求"触及灵魂"。各校连夜召集干部和积极分子做准备，目标自然指向一些平时落后以及用当时的观点看来"问题严重"的教师。但是由于报纸已经公开树立了斗"黑帮"[①]的样板，又接二连三地发表煽动性的评论、报道，这些部署很快被中学生打乱了。

中学生年龄在十二三岁至十七八岁之间，年龄最大的也没有形成稳定成熟的思想，年龄小的更没有摆脱嬉闹的童趣。但在多年延续的"左"的思想的教育下，对"千万不要忘记阶级斗争"、"反修防修"已经有了很深的印象，耳濡目染，已习惯于把一般的错误缺点当作资产阶级思想、修正主义言论，把有这些错误缺点的人当作"妄图复辟资本主义，使国家改变颜色"的阶级敌人。对毛泽东的崇拜又使他们绝对听从报纸上的一切号召，追随首都发生的一切"革命行动"。好奇心驱使他们不顾具体条件地模仿他们认为革命的举动，狂热性使他们不闹个天翻地覆决不罢休。青少年免不了的幼稚顽皮又往往使他们以恶作剧和破坏为乐事，于是高年级的学生急于像聂元梓那样揪出一个本校的"三家村"[②]，把党支部书记或校长搞成黑帮。有的则要学姚文元、戚本禹，批倒批臭某一本名著、某一位大人物。低年级学生则大多热衷于用大字报"横扫一切牛鬼蛇神"。至于"牛鬼蛇神"的标准，当然是出于他们自己的理解和与教师关系的好恶。在大同学的影响下，他们也越来越注意"上纲上线"。

---

① 泛指反党反社会主义分子、反革命修正主义分子、走资本主义道路的当权派、资产阶级反动学术权威，首先在北京使用，迅速扩大到全国。

② 原指北京的邓拓、吴晗和廖沫沙三人，因合写的《三家村札记》被定为"反革命大毒草"而得名。后泛指一切由三人或多人组成的"反革命集团"。

大字报以几何级数的速度增加，铺天盖地而来。虽然"揭发"的内容大多是鸡毛蒜皮的普通现象，但帽子都大得吓人，凡是点到名的都是"牛鬼蛇神"，而学校中除了工勤人员以及不大接触学生的部分职员外，很少有人幸免。

首当其冲的是学校领导、政治教师和班主任。由于长期的"突出政治"教育，学生对领导报告和政治课都做详细记录，随着政治气候的变化，在这些记录中自然可以找到很多与现行理论和政策不一致的内容，或者对成了黑帮的前领导人的赞扬语句等等，这些都成了"揭发批判"的重磅炸弹。班主任大多事无巨细都要管，对学生也会有很多具体要求，如今都成了"资产阶级统治我们学校"的"罪行"。这些大字报的内容今天看来令人啼笑皆非，例如："你在政治课上说人人都会犯错误，伟大人物也难免。难道毛主席也会犯错误吗？这是明目张胆地反对毛主席，罪该万死！""×××在会上讲彭真和苏修作斗争，是为黑帮涂脂抹粉，是黑帮的走狗。""你老是要我们好好读书，为什么不要我们学《毛选》？这不是反对毛泽东思想吗？""××是工人子弟，你却让他留级，这是资产阶级对工人阶级的迫害。""你鼓励××考大学，还替他个别辅导，这是引导他走白专道路，培养修正主义苗子。"

其他教师也少不了这样的大字报："你在第一课就大讲化学的重要，难道毛泽东思想不重要吗？""你为什么在课上教 Miss Mrs 这些词？我们社会主义国家还有小姐、太太吗？你是想复辟资本主义！""电影《怒潮》是一株大毒草，你为什么要教里面的插曲？这是毒害青少年的滔天罪行！""图书馆里的《燕山夜话》为什么还不烧掉？你还想留着放毒吗？"至于教师工作中的疏忽或缺点更给学生提供了发泄的机会："你对我们工人子女为什么这样凶？这是什么立场？你还要同学滚出去，你要工人子女滚出去，想让资产阶级子女进来吗？""你上次听报告时坐在下面打瞌睡，说明你反对无产阶级政治，反对毛泽东思想。"平时衣着端正的教师被称为"资产阶级老爷"、"少奶奶"，头发抹油的被指为"阿飞"、"小开"①，穿过西装的就是"洋奴"，家庭出身或历史问题已经公开的则分门别类冠以"地主阶级的孝子贤孙"、"国民党特务"、"老右派"、"吸血鬼"。青少年丰富的想象力不幸被运用于政治斗争：一位身体肥胖的老教师被勒令交代在旧社会的剥削罪行，因为学生认为劳动人民在旧社会吃不饱穿不暖，他却能长得那么胖，不是地主也是资本家。一位与某本小说中一名特务同名的教师被勒令交代解放后如何"潜伏"下来的，学生还断定他家中有无线电收发报机，否则又怎么与台湾联络呢？

这些闹剧本来是不难制止的，但"文化革命"就是需要闹事，用毛泽东的话来说：现在停课又管饭，吃了饭要发热，要闹事，不叫闹事干什么？教师们被要求正确对待革命小将，对大字报不仅不允许有申辩或反驳，还要欢迎，要引火烧身，触及灵魂。无知的学生却认为教师们必定是"做贼心虚"，完全根据大字报的多少及上纲上线的严重程度确定谁是牛鬼蛇神。当北京的"红卫兵"得到了毛泽东的公开支持并开始"杀"来上海时，中学的"红卫兵"也仿照他们的办法，对自己确定的"牛鬼蛇神"开刀了。邪恶的闸门一经打开就再也无法关闭，不须任何手续，也不必确定什么标准，只要"红卫兵"或"小将"

---

① 上海方言中称老板的儿子或富裕而有地位的年轻人，原来并无贬义，如潘汉年曾有"小开"的外号。

发出勒令，哪怕只有一二个人，被称为"牛鬼"的教师就得乖乖服从，监督劳动，挂黑牌，戴高帽子，身上写字都得接受，鞭打、跪煤渣、爬行、剃阴阳头、喝泔脚水也得照办；稍有不顺从就会招来更大的迫害。由于"红卫兵"并没有一致的意见和行动计划，所以你斗你的对象，我打我的"牛鬼"，你打过了我还要斗。地处通衢的学校还有大批北京及外地"红卫兵"光顾，他们也可以在事先毫无所知的情况下，当场揪出几个"牛鬼"来实行武斗。抄家风刮来后，"红卫兵"根据自己的标准选择对象，以致有的学校被抄教师达百分之八九十。这种抄家既没有户籍警及里弄干部的配合，又不列清单，不给收条，大多是毁灭性的，抄走的物品也不知去向。

学校领导既要应付"红卫兵"对自己的揪斗，又要贯彻上级意图，领导学校的运动，揪出"反党反社会主义分子"，但大多已无法控制局面。有的党支部书记正在开会研究组织批斗某人，却被"红卫兵"闯进来揪去，与某人一起戴上了高帽子。有的党支部确定的"左派"，却被学生定为"牛鬼"。某校一位20岁的团委书记是党支部"核心组"[1]成员，但被"红卫兵"作为"反革命修正主义分子"揪斗。他白天只得与"牛鬼"们一起接受监督劳动，晚上再参加"核心组"研究如何批斗"牛鬼"，一直扮演着双重角色。工作组的进驻和《十六条》[2]的公布并没有改变教师的命运，教研组长、备课组长、高年资教师被列为

---

[1] 上海的中学在"文革"初一般都成立由党支部书记领导的"核心组"，成员包括学校党、政、工、团负责人和被确定为"左派"的教师。该组一般每天开会，分析动态，贯彻党支部的意图。随着运动的进展，其成员不断调整变化。

[2] 即《中共中央关于无产阶级"文化大革命"的决定》。

"反动学术权威"，而班主任、工会小组长都被解释为"当权派"，这样一来，小将们的斗争大方向当然是完全正确的了。

相比之下，其他阶层和部门的知识分子在这一阶段多少要幸运一些。生产、科研部门还在维持正常工作，运动还没有全面铺开；党政部门受冲击的主要是领导干部，还没有轮到一般知识分子；文艺单位的重点对象是"黑线人物"、"三名三高"的人物；小学"关门"搞运动，学生不参加，暑假后就停了课；大学生的目标开始是有地位、有影响的"反动学术权威"、"黑帮"、"三反分子"，不愿在普通教师身上花费精力，而且毕竟比中学生少一点无聊、好奇、恶作剧的破坏行为。

林彪在"文化大革命"中曾提出一个臭名昭著的理论，即每个人"既要当革命的动力，又要当革命的对象"。这当然只是用来欺骗民众的，因为他们一伙从来是不会把自己当作"革命对象"的。对于全国的民众来说，虽然曾有相当大一部分人为领袖的威望所感召，被"战友"①、"旗手"②的口号所蛊惑，自觉地实践过这套理论，但一旦看穿了其中的奥妙，就不会再上这个当，迫于压力，至多也只是阳奉阴违。但中学教师却没有这个自由，职业使他们不得不在普遍当了"革命的对象"以后又要扮演"革命的动力"的角色，或者在受到这场"革命"残酷打击的同时却要违心地为这场"革命"叫好。

从 1967 年开始，根据毛泽东"要复课闹革命"的指示，各中学陆续复课。到 1968 年下半年"工宣队"（工人毛泽东思想宣传队的简称）进驻，各校基本上都恢复每天上课了。当时教

---

①　指林彪，当时被称为"毛主席的亲密战友"。
②　指江青，当时被称为"无产阶级文化大革命的旗手"。

师上讲台的困难可想而知：在外游荡了一二年的学生已经不是昔日可爱的红领巾了，他们的学业荒废，纪律松散，但"造反"的技巧却相当熟练。而且这批小将对教师当"牛鬼"的情景记忆犹新，都知道怎样对付他们，无论是出于"革命"觉悟，还是纯粹的恶作剧。此时学校的真正领导工宣队中虽也不乏正派的工人，他们会自发地维护学校秩序，制止学生的胡闹，但更多的却是对教师惩罚式的"改造"和不负责的瞎指挥。有的教师惊奇地发现，来领导和改造自己的竟是以前教过的差生，或者是附近声名狼藉的人物。有位工宣队员发现政治教师准备了自己的讲课提纲，竟大发雷霆："上政治课为什么不学《毛选》？你写的东西难道比毛主席的话还重要吗？给你进教室就想放毒吗？"有的教师实在无法对付捣蛋的学生，请"师傅"去课堂"宣传毛泽东思想"，这位领导大为不满："知识分子就是只有嘴上一套，看看你又长又大，小鬼不听话不会请他吃生活①？"由于在"牛棚"中"靠边"、"进学习班"②的教师还不少，能进教室的教师不胜负担。但一位工宣队指导员在检查课程表后突然有了重大发现："怪不得教师不够，原来你们一星期只上16节课。我们在厂里每天要站8小时，你们站多久？下星期开始每天起码上6节课，总共也不到5小时嘛！"

更难的是进教室讲什么。政治课学"毛选"，语文课教毛主席诗词，英语课念英文革命口号，美术课画忠字，音乐课唱语录歌；数理化课也少不了先念几段毛主席语录，再讲几句"为

---

① 上海方言，意为揍一顿，或体罚。
② 因毛泽东说过"办学习班是个好办法，很多问题都可以在学习班得到解决"，"文革"期间各种各类学习班不计其数，形式和内容各异，既指真正的学习讨论，也包括带强制性的隔离审查、关押或刑讯逼供。

革命学好××"的道理。但再大的帽子也镇不住这批"小将",何况这样的课连最规矩的学生也不爱上。即使这样的课程表,还是经常要改变。如果哪一天晚上8时有最新指示或"两报一刊"①的重要文章发表,教师除了要带领学生热烈欢呼、坚决拥护,游行到半夜外,第二天早上就得准备停课学习。林彪所说的"理解的要执行,不理解的也要执行",的确已施之于教师了。因为不管这些指示或号召多么出乎意料,多么让人无法理解,多么不得人心,他们都得向学生宣讲它的伟大的现实意义和深远的历史意义,说明它多么及时,多么英明,多么符合"革命群众"的心愿。从知识青年上山下乡,到"反击右倾翻案风",一次次的欢呼和宣讲使教师在精神上受到很大折磨。作为"园丁"、"人类灵魂工程师",他们本来应该用真善美来教育学生。但作为被改造的"资产阶级知识分子"和"毛泽东思想的宣传员",却不得不用连自己都不想念的假话、错话来欺骗自己的教育对象。他们宁肯学生们都不相信这些话,但可悲的是,毕竟还天真的学生中总是有人信从这些出于老师口中的"真理"。

如果说,宣讲这类动口不动手的事还能用读报、照本宣科、让学生"自学"等办法来应付搪塞,具体的运动就要"忠不忠,看行动"了。其中最使教师左右为难、心力交瘁的就是动员学生上山下乡。

本来,在毛泽东"上山下乡"的最高指示发表之前,学校已经在进行上届高、初中毕业生的分配了,其中相当一部分学生安排去了农村。由于有一部分能留在工厂,一部分学生对农

---

① 指《人民日报》、《解放军报》和《红旗》杂志。当时除中共中央文件外,这是公开发表的最权威的文件,代表毛主席、党中央的声音。

村边疆充满美好的幻想而主动报名，还有些"可以教育好的子女"迫于形势，"自愿"服从分配，或主动要求去农村，矛盾还不太尖锐。到1968年12月22日晚上"最新指示"一发表，原来的分配计划立即为"一片红"所取代——无论本人或家庭有什么困难，统统得去农村。最倒霉的是那些已经送了子女下乡的家庭，本来指望下面的弟妹可以留在城市，现在也得"一片红"了。由于一些学生的确存在难以克服的困难，也有的家庭寄希望于拖延战术，到1969年夏天还有一部分没有落实"最高指示"。这时教师又有了光荣任务——在工宣队的监督下把留下的学生全部动员下乡。

由于动员对象都是老大难，方法自然有了创新：

一是抓阶级斗争和路线斗争。一位卖菜大嫂介绍女知青到乡下结婚，被公检法①以破坏上山下乡罪逮捕，游街批斗。因为"破坏上山下乡"而被判死刑的案例也时有所闻。某"走资派"和他女儿分别在隔离室和家中得到明确通知：如果现在报名，老子立即解放，女儿可以与其他革命群众一起到"反修前线"（黑龙江省）插队。三天后，在女儿临上火车前，这位干部获得解放，由隔离室直接赶往车站送行。一名"逃亡地主"因阻挠儿子下乡在单位受到批斗。尽管他申辩完全是儿子自己不愿，却被痛斥为这正是他长期毒害的结果，自然难逃罪责。刚回家，学校的"红卫兵"已等在门口"追穷寇"了。待夜深人静，这个被斗垮了的"阶级敌人"跪在儿子面前苦苦哀求，请顾全他一条老命马上报名吧！

---

① "文革"初，原有公安局、检察院、法院都由解放军进驻接管，以后合称公检法，至"文革"结束后才恢复正常。

二是大造声势，大办"学习班"。家长中的"革命群众"被通知停止工作，在家参加由单位、里弄、学校派人一起办的"学习班"，什么时候报名什么时候结束。另外组织若干队"红卫兵"轮流到各家门口敲锣打鼓，高呼口号。待"红卫兵"一到，家长就被唤至门口一起读语录，呼口号，从"吃闲饭可耻，上山下乡光荣"一直到"毛主席万万岁！"回屋学习不久，另一队的锣鼓口号声又传来了。其实"学习班"上已经没有什么话好讲了，但"落实最新指示不过夜"，到半夜还不能收场。这办法果然收效，大多数家长"自愿"支持子女报名。

三是雷厉风行，速战速决。学习班随时备有批准通知，只要稍一松口，立即送上通知。几分钟后，大红喜报已在锣鼓口号声中贴在门上。"吃闲饭可耻"自然已换成"向革命家长学习、致敬"。待家长清醒过来想要变卦，户口迁移证和补助的布票、棉花票、购物券已送到面前。

这还不是什么"先进典型"，执行任务的教师已经难以完成了。人类的良知往往驱使他们抵制这种不人道的做法，但包干的名额完成不了又无法向工宣队交代，更何况伟大领袖的指示岂能不照办？

到了1970年，每年有一部分毕业生可以进工矿或照顾留城了。这固然解决了不少困难，但粥少僧多，加上边疆农村对学生来说再也不是充满浪漫色彩的牧歌田园，分配成了教师更大的难点。当时工宣队掌有分配的实权，但他们有"工人阶级"这块金牌，必要时还可以用"不了解具体情况"为托词，再说家长和学生一般不敢把矛头指向工宣队，所以不会受到什么威胁，教师却无法逃脱无休止的吵闹、谩骂、纠缠，甚至殴打。正因为如此，每次毕业分配关键阶段的会议成了中国出席率最高的通宵会议。这种会议一般都在校内僻静处或校外开，目的是要最后从众多"可上可下"的对象中确定"照顾"名单。班主任们深知其重要：多挤进一个，今后就少一个麻烦；何况这些学生的情况本来就大同小异，可上可下。于是正在患病的教师在家属护送下服药上阵，年轻的妈妈在会议室隔壁搭起婴儿床，讷于言词的教师事先写了详细材料，几乎人人手里都备有大叠学生或家长的病历卡与各类证明。这样的会议一般不止一次，结果必定喜忧参半。但喜者至多喘了一口气，因为摆平了这一个，原来自知无望的人又产生了争一下的希望，或者觉得自己吃了大亏。于是有采用"盯人"战术的，教师走到哪里跟到哪里，你有饭吃我也要吃；有哀求的，七八十岁的老太跪在面前，不答应照顾就不起来；有"揭老底"的，"你这个老牛鬼不要翘尾巴，胆敢打击我们工人子女就再斗你"；有全武行的，"打了你这个臭知识分子又怎么样？"这些误解教师的家长中虽然也有粗俗野蛮的无赖，但大多也是无权无势的"革命群众"。真正有来头的人根本用不到跟这批"改造对象"打交道，只要打通工宣队、区"工办"（工人毛泽东思想宣传队办公室）或"乡办"（上山下乡办公室）的关节，子女的档案就会从学校中神秘地提走，进入军队、外语培训班、保密单位或指定的部门。

上山下乡不是学校唯一的运动，只要毛泽东一声令下，一个新的高潮就必然掀起。与其他行业或单位不同的是，教师们自己振臂高呼、身体力行还不行，必须带领这批小将落实最新指示，同时却又得接受无休止的改造和"再教育"。一声"加强战备"，教师马上奉命带学生下乡"战备劳动"一年。落实"学工学农"，中四年级就改为半年工厂、半年农村，不再上课。一张"开展步行拉练"的通知，每年又增加了两星期的"练好铁脚板，打击帝修反"。但同时，一个"马振扶中学事件"①，就会出现大小"迫害学生"的典型，学生也马上懂得对老师可以用"自杀"相威胁。张铁生的一张白卷，恢复不久的考试和升留级制度就全部作废。这种"既当革命对象，又当革命动力"的经历，对运动初期饱受打击的教师无异是雪上加霜，是更残忍的慢性迫害。

人类历史上曾出现过多次大的倒退，每次都出现物质的毁灭和精神的崩溃。在此期间，文明屈从于野蛮，道德沦丧于堕落，愚昧战胜了智慧，狂暴取代了理性。目睹这样的倒退而无能为力是痛苦的，被迫违背自己的良心而参与倒退，是更大的痛苦。

教师被比喻为蜡烛，这更适合于中小学教师。因为在他们中，即使是毕业于著名高等学府的高材生，要想再发表多少论著，或取得某项创造发明，也是不大可能的。他们把希望寄托于自己的学生，从学生的成就中看到自己的成果，得到最大的安慰。要说"文化大革命"前的中学教师人人安于清贫的生活和卑微的地位或许言过其实，但他们无不以"桃李满天下"的理想来获得精神支柱和心理平衡，却是无可否认的事实。

这根支柱在"文革"前的大小运动中已经有过多次动摇，但始终维持着，"文革"一来就完全折断了。学生升入上一级学校的比例，考入大学及重点大学的数量，获得各种奖励和名次的记录都成了教师执行"修正主义教育路线"的罪状，成绩越大，自然罪行越严重。最出乎意料的是，原来最钟爱的学生送

---

① 河南马振扶中学一位女学生因外语成绩不好受到教师批评，据说因此而自杀。此事被定为修正主义教育路线对学生的迫害，在全国进行批判教育，该校校长和有关教师被判刑，"文革"结束后才获平反。

来了"揭发控诉"的大字报，已经毕业的高材生"杀"回母校，在已经被打翻在地的老师身上再踏上一只脚。时至今日，老师们早已原谅了这些迷途的羔羊——他们当时有的作为"修正主义苗子"受到巨大压力，有的急于划清界线，有的误信了大字报揭露的"滔天罪行"，也有的在"红卫兵"的支持下丧失了理性；但在当时教师所受到的打击是致命的，他们最后一道心理防线彻底崩溃了。

以后整整十年，这根支柱再也无法恢复。教师们只能把自己的学生一批批送往边疆、农场、工厂、商店、部队，却再也无法送入大学。即使在"工农兵学员"进入大学以后，教师们受到的打击也多于安慰。虽然也听到几位原来品学兼优的学生终于得到入学机会，但更多的却是近于文盲的学生被推荐进了名牌大学，在校时打砸抢出名的学生当了某大学"上管改"的标兵。更使他们难以理解的是，尽管他们对来调查的人员详细地反映了某些学生在校时并非"支流"的错误，这些人依然很快入党，"结合"进领导班子，成了"活学活用"积极分子；而他们心目中的好学生却很少能得到这样的机会，甚至成了批判、清查的对象。有的教师"劣性难改"，稍有可能就在"为革命而学"、"宣传毛泽东思想"、"支援世界革命"的口号下为学生辅导数学、机电、书法、外语，并且发现了有希望的苗子，但到毕业分配时却眼睁睁看着他们踏上去边疆、农村的列车。在如此巨大的反作用下，本来就只凭惯性保持的行为必然会越来越接近于停止。

在"文化大革命"前，中学里对教师为人师表这一点是非常强调的，绝大多数教师在衣冠服饰、言词谈吐、待人接物等各方面都很注意做出表率，以对学生起潜移默化的作用。教师对学生的要求自然也不限于学习，品德始终是一个重要方面，其中包括一系列个人道德方面的行为规范。同社会上相比，学校一般都是更文明、更纯真的地方。从1958年的"教育革命"开始，中学的文明道德教育受到过一次次的冲击，因为毛泽东制定的教育方针虽然规定了"应该使受教育者在德育、智育、体育几方面都得到发展"，但他本人又不断对"德育"提出新的解释，片面强调阶级斗争、思想斗争，向正常的教学秩序开刀，这在他同他侄子毛远新的谈话中已经讲得十分明白。到了"文化大革命"中，毛泽东决心彻底贯彻他的革命主张，让工农兵来解决问题。他不仅要求"军宣队"、"工宣队"、"贫宣队"永远领导学校，并且希望工人和贫下中农能够在"德育"方面取代教师的作用，以免学生再受"资产阶级"的影响。

如果进驻中学的工宣队真的具有毛泽东所赞扬的"最有纪律，大公无私，最富有革命的彻底性"，如果学生下乡见到的贫下中农真的具有对知识分子"再教育"的能力，在当时的条件下，教师一定会衷心拥护，虚心服从的。可惜事实远非如此，大家不久就发现，"师傅"们的不少行为是他们这些"资产阶级知识分子"所不能想象的。管"清理阶级队伍"的以打人逼供为手段，"专案组"组长是不识几个字的长舌妇，负责毕业分配的可以用工矿名额换来女学生的贞操和自己子女的好单位，办公室里可以动手动脚"开玩笑"，抄家物资也会"处理"到自己家里去。当然在毛泽东指示的权威和无产阶级专政的压力下，教师们只能把这些当成"支流"、"小节"或个别现象。但是这些领导阶级的成员并不需要改造，在学生面前也不会收敛，学工学农又使他们和学生有了大量直接的接触，学生们从教师那里学到的理论就遇到了事实的挑战。

喊着"向工人阶级学习"的口号进厂的学生惊奇地看到，工人中干活偷懒、骗病假、说谎话的花样竟如此之多，揩公家油，顺手牵羊竟那么容易，言谈打闹竟这般粗俗无聊。到"广阔天地"中去的学生也知道了原来贫下中农并非事事先想到集体，要想获得好评就得多帮他们干自留地的活或者送些礼物，会作报告的干部吃喝水平同样高，"苦大仇深"的老贫农忆的苦竟发生在"三面红旗"期间。对这一切，教师既无法保持沉默，又不能如实发表自己的看法，只能重复毛泽东的指示，强调所谓的"本质"和"主流"。

通过运动初期的打击，已经斯文扫地的教师早已不敢为人师表了。事实上，在工人、贫下中农两位老师面前，在学工学农、拉练、开门办学、走出去请进来这样的环境里，其他的师表早已无济于事，因为在当时的条件下，教师的职责就是教育学生无条件地以工人、农民为榜样，而不能对他们的行为稍有异议。不仅如此，还要把社会的倒退和混乱描绘为"莺歌燕舞"的大好形势，把"文盲加流氓"的泛滥称之为"一代更比一代强"。总之，教师非但注定要当文明的殉葬品，还要为文明掘好墓穴。

我们不得不承认这一令人痛心的事实，"文革"期间中国知识分子的双重人格，在中学教师这个阶层中表现得尤其明显。那么，在这十年间走出校门的中学毕业生又会具有怎样一种人格呢？

当年"样板"

　　"文革"中的中国，曾经是一个"样板"世界。8亿人民听的、看的、唱的是"样板戏"，除了毛主席像以外唯一的"样板画"就是《毛主席去安源》，工业的样板是大庆，农业的样板是大寨，全国的样板是解放军，斗批改的样板是"六厂两校"（指二七机车车辆厂等六家工厂和北大、清华两所大学）。有全国性的样板，也有省市一级、县一级、下到最小的基层的样板。有久红不衰、事事领先的，也有随生随灭、昙花一现的。有正面的，还有"反面教员"。不仅有国内的，还可以有外国的。当然，最高的样板还是那几位始作俑者，所以江青被树为"旗手"，林彪被捧为"亲密战友"。对这场今天看来颇如天方夜谭的样板运动，五六十岁以上的中国人应该是记忆犹新的，因为当时谁也免不了参加学习各种样板的运动，说不定还参加过树立样板的工作，或者曾经被树为样板呢！

一

　　所谓样板，原来是指一种用于检验工件轮廓的工具，或者是一种划线或对准刀具的工作。用它来代替典型、榜样，除了取其意义相近外，大概还取其不能差一分一毫的绝对标准的特点吧！这一点虽然找不到什么理论根据，也无法向发明者证实，但却有不少事实可以证明。当初"普及样板戏"时，不是有人就是因为擅自做了一点什么变动而成为"破坏革命样板戏"的反革命了吗？

翻遍中国的古书也没有找到"样板"这个词，但"样"却早已有了这种意思。东汉崔寔的《四民月令》记载："齐人呼寒食为冷节，以面为蒸饼样，团枣附之，名曰枣糕。"然而这种树样板的运动实际上古已有之，只是名目和方式不一定相同而已。二千多年前，当孔子面对卫国的众多人口时，他提出的方案是"富之"和"教之"，即先让老百姓有吃有穿，生活改善，然后对他们实行教化。以后儒家学说逐渐取得独尊地位，孔子的教化思想为统治者所采纳，儒家学说自然也成为实施教化的内容。但是被教化的对象是基本不识字、不读书的愚民百姓，而儒家学说的深奥语句即使对一般读书人来说也是不得其门而入，因此最有效的办法就是把儒家学说归纳出若干简单的道德标准，而在各地物色对此身体力行的人加以宣扬，以便百姓效仿。秦汉以降，在各个乡设置的基层官吏中就有一位"三老"。据《后汉书·百官志》："三老掌教化。凡有孝子顺孙，贞女义妇，让财救患，及学士为民法式者，皆扁表其门，以兴善行。"当时全国有一千多个县级单位，三老不下万人，通过他们，各地树立了数以万计的样板。

从理论上说，这些样板都能从某一方面体现儒家的道德标准，足以成为公众的榜样，而他们又遍布各地，使百姓能亲见其人，亲闻其事，在基本上不存在大众传播媒介的条件下，他们便能起着非常重要的作用。但实际上，在生产力低下的专制统治下，没有多少百姓能过上"衣食足"、"仓廪实"的生活，更没有多少人能领会儒家的"礼义"、"荣辱"，客观上并没有那么多的孝子顺孙、贞女义妇，所以要树样板就只能降格以求，或者移花接木，甚至弄虚作假。另一方面，三老中虽不乏正人君子，但土豪劣绅、流氓无赖自不在少数，由这批人树起的样板会是什么东西是可想而知的。对那些因循奉职，但求无过的三老来说，既然是朝廷功令，又是天下通例，那当然也就顾不得什么质量，完成"政治任务"要紧了。结果是，被树为孝子的人却同父亲分居，以庐墓三年受到表彰的人却在此期间添了两个儿子，改嫁了的女人被树为贞女，鱼肉百姓、横行乡里的财主家挂上了旌匾，其中也少不了三老的亲朋好友、地方上有钱有势的强人。

对这些现象，平民百姓是无能为力的，因为他们既没有文化，更没有得到法律保证的控告检举权利，所以至多只能在下面议论讥笑。汉末流传的一首民谣唱道："举秀才，不知书。察孝廉，父别居。寒素清白浊如泥，高第良将怯似鸡。"这类民谣显然也是出于有正义感的文人之手，然后才在民间流传的。或者在民间产生，又经过文人加工。由于社会的闭塞，一般民众不可能了解更多的情况，往往把这类假样板看作本地的个别现象，对外面的样板还会深信不疑。

对三老们的各级上司来说，这项任务的重要性并不亚于稽查户口和征收赋税，因为这类样板越多就越能显示自己教化深入的政绩，也是获得升迁的重要资本。所以除了个别太拙劣的作假或遇到少数刚正不阿的官员以外，这类样板一般是不会受到怀疑或复查的。要不是名额有限，地方官谁都会多树几个。

各朝各代的具体制度并不相同，但像"三老"一类的角色从来不会缺少，各种"善行"的样板也林林总总，绵延不绝。

统治者不仅需要欺骗民众，也需要欺骗他们自己。因为一方面他们为了维持自己的统治秩序，越来越需要利用儒家学说中有利于他们的部分，将这些教条越来越具体化，用于束缚民众的手脚，禁锢民众的思想。而另一方面，他们自己却从来不想身体力行，甚至连最起码的道德标准都不愿遵守。更何况有些教条是完全脱离实际、违背人性的，连有一定修养的人都难以做到，养尊处优惯了或耽于声色犬马的公子哥儿、老爷太太如何受得了？例如，十五六岁的少女就要她为从未见过面的未婚夫守一辈子寡；在长达三年的居丧期间不仅不能吃肉喝酒，也不许有性生活。这样的节妇、孝子有几个人能做到？像"二十四孝"所宣扬的卧冰、割股、杀子的孝行更非正常人所能想象。又比如，在明朝时官俸低得出奇，如果不捞一点外快，就会像海瑞那样生无积蓄，后无余财，又有几个官员能做到清廉？这种现实的矛盾就使统治者乞灵于各种样板，树别人，也树自己；用于骗人，也用于骗己。

好在中国的文字非常发达，可用之于描述样板的词汇极其丰富，又有的是妙笔生花的文人学者，不但能引经据典，而且可以无中生有，"春秋笔法"的光荣传统更使大大小小的尊者、贤者和亲者能合法地享受到"扬善隐恶"的特权。所以在正史、地方志中留下了无数忠臣、循吏、良吏、义士、孝子、节妇、烈女的样板形象，而更大量的家传、族谱、墓志铭、神道碑、谥文、诰命、祭文、诔文等等几乎把所有能写的对象都粉饰成了各方面的样板。由于谁都不知道这些样板是怎么回事，所以被树者心安理得，受之无愧，而旁观者亦习以为常，绝不会过于认真。显然这类样板越普及，它们的作用就越有限。但是它们已经成了中国传统社会政治生活中不可缺少的一部分，只要这个社会还存在，就会同样存在下去。

在一个政治目标与大多数人的愿望不符，道德标准与生活实际脱离的社会中，出现这种名不符实的样板是不可避免的。民众知识标准的低下，自由舆论和公正传播媒介的缺乏，政治上的专制和腐败，是这些样板生存和繁殖的温床。

不幸的是，我们的人民共和国的建立并不意味着传统社会残余的肃清，这类温床依然存在，有的还相当稳固。到了"文化大革命"中，在革命的标签下，一些封建的、宗教式的、法西斯的模式竟一度成了中国社会的合法机制，样板运动在这种情况下达到高潮，就绝不是偶然的。

二

如果说封建时代的样板是以道德典型为主要标准的话，那么"文化大革命"中的样板唯一的标准就是政治需要。正因为如此，样板从来就不是什么群众运动的产物，而是按照某些人、某项运动的特殊需要精心制造出来的，目的是用以证明这些人、这一运动的正确，进而煽动、诱骗更多的人拥护这些人，投入这一运动。所谓发现典型，实际上是根据现实的目标去寻找合适的对象；所谓总结典型，实际上是随意贴上各种标签，加上各种"合理"的情节，纯化拔高；这样，一个样板就产生了，只要开动宣传机器就行。

江青曾经吹嘘，"文化大革命"是由她搞的样板戏开场的，这倒是道出了"样板"的真谛所在。实际上，"文革"中的每一场重头戏都是由样板开锣的。姚文元的《评新编历史剧〈海瑞罢官〉》、聂元梓等人的"第一张马列主义大字报"、清华附中的

"红卫兵"、上海滩上的"工人造反派领袖"王洪文等都是这类样板。而在"夺党内走资派的权"、大联合、三结合、上山下乡、城市"闲散人员"下乡、精兵简政、干部下放、工农兵上大学、工军宣队管学校、反潮流、批林批孔、限制资产阶级法权、批邓、反击右倾翻案风等运动中，大大小小的样板也应运而生。

为了树样板而采用的方法层出不穷，但也不外乎几个方面：

一是通风报信，以便样板"自然"产生。如赫赫有名的"全国第一张马列主义大字报"，实际上是在"中央文革小组"和康生的授意下，由康生的妻子曹轶欧出马促成的。不少带头打倒某人的"左派"，都是预先得到某种暗示甚至明确指示才行动的。当然也有因为没有弄清上面的意图或者上面的临时改变、不再认账而倒了霉的，有时还由于手法拙劣闹出不大不小的笑话。一次某地准备抛出一名"文革"红人，为使一位老样板立于不败之地，将他列入"揭发"人员的名单。谁知忙中出错，忘了通知他本人，代他签了名的大字报已经出笼。老样板不知内情，赶紧辟谣，并声明要与这种矛头指向"中央文革"的"阶级敌人"斗争到底。另外，事先赶不上的，也要争事后第一个响应。例如在晚上8点钟"最新指示"发表之前，获得内情的领导已经指示笔杆子为样板单位、样板个人起草坚决拥护的表态，甚至不用本人过目已经送进报社印刷厂了。

二是乱贴标签，无限拔高。一个农业样板粮食增产，可以归功于打倒了走资派，也可以说是清理阶级队伍的成绩，还可以称为"三忠于四无限"的必然结果，或者是斗私批修斗出来的。李庆霖因为子女下乡，家庭困难无法解决，无奈之下给毛主席写信，经过反复宣传，竟成了坚持马列主义原则的"反潮流"英雄。上海一位平时表现很差的女学生，据说是因为游泳时救同学而溺死，唯一的根据是未溺死的女同学说"好像有人在水里推过我一下"。由于当时正缺少批"一代不如一代"的典型事例，所以立即被树为样板，被称为"闪耀着共产主义光辉"的英雄。

三是移花接木，锦上添花。为了使样板能"高、大、全"，就只能把各种好事都集中在样板身上，把不同时间的好事集中在一起。某一小组、某一单位的成果被集中在一位样板身上，甚至与他毫不相干的外单位的成果也会被说成得到了他的帮助。样板单位照例可以额外得到各种物资和资金，享受各种优惠或减免。由于只算"政治账"，经济账可以一笔勾销。单项冠军硬要捧成全能冠军，如那些全国闻名的样板是无事不先进，无日不见报的，不但评法批儒、反击右倾翻案风这类政治运动领先，连文艺、体育也成绩突出。一个样板的少年武术队还进京表演，当然从教练到队员都不必是本地人，钱也可由国家掏，只要借一块宝地挂一个名就行了。已经不在世上的样板更方便了，整理材料的人从一位英雄的本子上找到两句豪言壮语，立即发表，并接连作了长篇阐述，以证明只有经过"文革"洗礼的"革命小将"才有如此崇高的思想境界。但很快有人发现，这两句话抄自一本"文革"前出版的书上。不过立场鲜明的领导立刻作了裁决："他已经用行动实践了这两句话，这两句话就是他的。"有一次经过再三启发，群众提供了一件助人为乐又不留名的好事，但仔细一算，当时那位样板还在幼儿园；好在笔杆子还是有心人，在见报时把时间推迟了八年。又如，为了适应"意识形态""阶级斗争"的需要，在雷锋逝世十几年后，又发现了当年他曾与演坏戏的人作斗争的事迹。

四是篡改历史，胡编乱造。在"以阶级斗争为纲"的年代，家庭出身、社会关系对一个人来说是至关紧要的。而作为样板，不仅要历史清白，而且应一贯先进（少数树为"转化"的样板除外）。可是有的对象偏偏不符合要求，甚至劣迹昭彰，但出于"路线斗争"的需要却非树不可，有的还是"无产阶级司令部"钦定的名单，于是成分可以现改，历史问题结论可以重写，处分材料可以抽掉甚至销毁。"四人帮"在上海的一名党羽的所在单位曾奉命调查他的材料，但当该人被树为"路线斗争觉悟高"的样板并出任要职时，有关他父亲和本人劣迹的记录早已被抽掉。更有甚者，有时为了证实样板的阶级斗争觉悟，竟连当时的"政策界线"也不顾，硬将被他斗争或"揭露"的对象定为敌我矛盾。至于"活学活用"、"灵魂深处爆发革命"一类样板的事迹，本来就是故弄玄虚的，自然就更能按需编造了，所谓"讲用"、"经验"只要由笔杆子根据上面的精神写出来就是。曾经名噪一时、吸引了成百万人观摩学习的江苏农妇顾阿桃，就坦承她所讲的一切都是"他们写好了教我讲的"。

经过这样一番装点，十恶不赦的罪犯也可以成为圣人。即使原来做了好事或表现比较好的人，当他终于以样板的面目出现时，也已经面目全非了。

三

应该承认，当时参与制造样板的人，除了始作俑者和极少数心腹外，绝大多数人都是无辜的执行者，有的人甚至是出于崇高的信念。但无可否认的事实又是，他们所做的事情即使不谈政治上的问题，在道德上也不是很光彩的，或者是违背人类良知的。而全国七八亿人中，除了极个别头脑异常清醒者（姑且假定有，但我是很怀疑的）和少数一开始就被剥夺了自由的人以外，都被或多或少地愚弄了。也就是说，那些样板都曾经不同程度地起了作用。

怎样来解释这似乎难以置信的事实呢？除了前面提到的中国社会的传统影响外，还应该看到在"文化大革命"这个非常时期的特殊因素。

首先是由于经过"文化大革命"初期掀起的个人崇拜的狂热，毛泽东本来已经够高的威望达到了顶峰，毛泽东已不仅是一位伟大领袖，而且成了绝对完满的神。在相当长一段时间里，绝大多数中国人根本不会也不敢想到毛泽东还会犯错误，更不会也不敢想象某些领导人还会玩弄权术，而这些样板中，有的就是毛泽东树的，或者是他表态肯定的，其余的也是以他的名义树立的，或者是为了落实他的指示而树立的。对毛泽东的崇拜很自然地延伸到他的"亲密战友"、他的妻子以及一切被纳入"无产阶级司令部"的人，也延伸到他们所树的样板。与此同时产生的巨大政治压力，通过"文革"中一系列的运动，已经成了一张谁也无法逃遁的巨网。谁都知道反对毛主席、反对毛泽东思想、反对毛主席的革命路线意味着什么，而当时社会上的一切几乎都可以同这三者挂起钩来，更何况那些样板？令人目眩的政治风云已经使人失去了自主力和自制力，沦为不敢有自我情感、自我意识的政治工具。

这里不妨列举一些当年参与树样板的人员所熟知的说法和做法：

"要怀着对毛主席、毛主席革命路线的强烈的阶级感情去发现典型，总结典型。"这就是说你先得肯定有先进典型，甚至肯定某人就是典型，否则就是往毛主席的革命路线抹黑。于是再用同样的方法让群众回忆、总结，讲不出就等于对革命路线缺乏感情，结果当然是好事越总结越多，思想境界越提越高。

"不能就事论事，要提高到路线斗争的高度。"这就为任意夸大，无限拔高提供了理论根据。于是一件非常简单的好事就可以当作"捍卫毛主席革命路线"的壮举，连捡到失物归还、在大批判会上发过言等差不多每人都可能做的事情也可以套上"共产主义精神"、"鲜明的阶级立场"、"对毛主席的无限忠心"之类的桂冠。样板的高度已经不是取决于本身的事实，而是决定于领导要定多高或者"斗争的需要"了。在这种思想的指导下，调查、总结的人员总是宁多勿少，宁高勿低，以免犯立场、方向、路线错误。

"总结的过程就是提高的过程。"具体说就是，有的事情在做的时候是不自觉的，总结时就应该提高到自觉的高度。有的事情当时没有想到它的意义，现在应该联系形势来看。有的事情是分散做的，现在应该集中起来总结。还强调对总结的对象要从他思想深处挖掘，找出闪光的东西。结果是，一切先进事迹都是"牢记毛主席的教导"，"想到世界上还有三分之二人没有解放"，"不忘阶级苦，牢记血泪仇"，"怀着对中国赫鲁晓夫的满腔仇恨"，"以实际行动批判活命哲学"的自觉行动。"闪光思想"的多少自然得看挖掘者的本领了，因为被挖掘者是无权否认的。

其次还应该看到，尽管很极端的做法是"文化革命"中才出现的，却是在一些片面的、教条的工作方法和思想方法的基础上发展起来的，而这些方法在中共党内和社会上已经长期存在，在一些人头脑中已经根深蒂固，一些人操纵起来已经轻车熟路。

例如，片面夸大榜样的作用，任何运动都强调"榜样开路"、"抓典型"。很多运动是错误的，不得人心的，当然不会涌现出什么先进典型，但为了运动的开展又非有不可，那就只好作假。领导和上级对此都会理直气壮，运动不是在"榜样"的带动下开展起来了吗？当上山下乡已经很难动员时，不少中学只好在毕业生中物色有说服力的对象（如兄姐已经下乡、独苗、独留、父母患绝症等），授意他们带头申请下乡，让他们到处报告讲用，以他们的"先进事迹"推动别人。一旦大功告成，他们却一个个进了工厂，除了身体不好等借口外，还可以说"他可以不要求照顾，组织上应该按政策办"这样冠冕堂皇的理由。但是，不这样做又怎么办呢？

又如，毛泽东一再强调分清九个指头和一个指头，分清主流和支流，对人要看大节，但在实际运用时却具有极大的随意性。因为复杂的社会现象和人类活动绝不像一双手那样容易区分，即使查清了某地、某事或某人的"十根手指"都是坏的，也可以解释为这在全国来说不过是一根手指。而除了少数最高层领导人之外，谁也不可能了解全局的真相。主流和支流就更难认识，因为当时实际上是把事物的质与量割裂开来、对立起来的，所以即便调查的结果证明某人、某事、某单位缺点大大多于优点，也可以解释为缺点虽多还是支流，优点虽少甚至只有一点，却正是本质和主流所在。面对着被指为"马"的"鹿"，人们只能自叹觉悟太低，只看到"鹿"的外形，却没有看到它"马"的本质了。

再如，阶级斗争的理论强调一切事情的阶级属性，否定人类存在着某些共同的感情，社会存在着某些共同的是非标准和行动规范。根据毛泽东的名言，"凡是敌人反对的，我们就要拥护；凡是敌人拥护的，我们就要反对"，对样板就只有拥护的义务，否则就是站到敌人一边去了。而反对这样的样板，就必定是阶级敌人无疑。尽管在理论上说，样板也有"一个指头"的问题，但实际上却是白璧无瑕。因为对"一个指头"的议论批评与否定、反对之间是很难区别的，所以谁都不愿冒反对样板的风险。"文革"中大批干部的先后倒台和林彪、"四人帮"党羽的淘汰也使他们树立的样板随之成为"黑样板"、"假典型"，因为某人既然是阶级敌人，他所赞扬的人必定也是阶级敌人，革命群众岂能不反对，不痛恨？

自从在上世纪50年代中期对"舆论一律"作了强有力的肯定，中国一切公开出版物再也不能反映未经党的宣传部门批准的观点和事实。到了"文化大革命"期间，所有舆论工具更成了"两报一刊"（《人民日报》、《解放军报》和《红旗》杂志）和新华社电讯的复制品、扩音器。这种舆论给树样板的运动极大的便利，每当一个重要的样板出笼，全国的一切宣传机器立即遵命开动，报刊杂志、小册子上的社论、评论、长篇报道、领导题词，甚至最高指示，再加上座谈会、讲用会、表决心、"见行动"的报道，又是样板的照片、日记、豪言壮语，大批判文章，"群众"的回忆和赞扬等等，几乎可以占据全部版面。同时，广播、电视、电影、戏剧、曲艺（如果当时还能演的话）、故事、宣传队、报告团、宣讲团等各种形式和手段也充分运动，目的是要做到家喻户晓，人人皆知。对其他样板则视其级别分别在各自的范围内如法炮制。而对样板有丝毫不利的情况，即使是千真万确，至多只能在民间口头传播。这样原始的当然无法对抗官方超强大的宣传工具，而且也免不了走样，在凡事都讲阶级斗争的年代，这恰好是成为阶级敌人攻击革命样板的证据。当时除了一张精心选编的《参考消息》之外，是得不到任何外部消息的，面对着"两报一刊"的白纸黑字（或红字），自然只有坚信的义务。样板周围的人们和熟悉内情的人，也只能认为是个别现象或者是出于革命利益的需要，不能不保持沉默，但他们对其他样板还是不敢怀疑的。

四

被树为样板的对象中的确有人原来就是坏的，但毕竟是极少数，而且其中有的人是从成为样板后才变得更坏的。大多数样板开始都是比较好的，在某一方面起过积极作用，有的是真正的劳动模范或某一方面的先进分子，不少人今天依然得到社会的肯定和公众的尊重，但他们或多或少说过违心的话，做过不实事求是的自我介绍，接受过对自己无根据的美化和夸大，少数人完全成了政治工具。这一复杂的现象也是与树样板的特殊手段分不开的。

在一般情况下，通过政治压力和正面诱导能符合要求。这里不妨举个常见的例子：

一位一贯超额完成生产任务的工人被确定为"批林批孔，抓革命，促生产"的样板，要为他准备讲用材料。

"你为什么总是超额完成任务？""这是应该的。我们工人为国家多做一点，大家生活就好一点。我手脚快，干活时抓紧点就行了。再说现在领导也不敢抓生产，指标定得低，所以容易超额。"这当然离要求差得太远。

"你学习毛主席著作吗？""当然学的。"（谁敢说不？）"什么时候学的？""小组里天天读、讲用会。""晚上学吗？""有时也看看。""上完中班回家看吗？""不大看。""总看过的吧！""对，看过的。""你读什么毛主席著作？""'老三篇'（指《纪念白求恩》、《为人民服务》、《愚公移山》)，还有《毛主席语录》。""某某篇学过吗？""记不得了。""上次你们小组里不是读过的吗？""噢，大概读过了。"于是他自觉刻苦学习毛主席著作，中班回家学到深夜，对某某篇特别做了认真领会的事迹写进了讲用稿。

"你参加批林批孔吗？""参加的。"（谁敢说不参加？）"写过大批判文章吗？""我不会写，在组长写的大字报上签了名。""你在批判会上发过言吗？""我不会在会上讲话。""那可不行呀！不能只埋头拉车，不抬头看路，否则要犯大错误的。这是立场问题，你一定要发言，可以让厂里人帮你写，你照着讲就是了。""好的。"（当然无法拒绝。）"你知道林彪、孔老二的罪行吗？""林彪要害毛主席。孔老二么，报上说是坏人。""他们要复辟资本主义，要让你们工人当奴隶，吃二遍苦，能答应吗？""不答应。"于是，他投入批林批孔运动，激发起为革命而生产的积极性的事迹产生了。作为弥补，一篇现成的发言稿送到他手中，并让他脱产接受政工干部的辅导，赶在事迹见报前在全厂大会上批判林彪、孔老二的罪行。当然也少不了补拍一些镜头。

样板情况不一，方法也不尽相同。对政治敏感性强、文化程度高的可以用更含蓄的启发，对目不识丁者只要派人辅导他背熟代拟的讲稿，对本来就会迎合钻营的倒要让他别吹得太离谱，基本离不开政治压力和正面诱导这两手。

至于个人的"讲用"、"介绍"，即使本人思路敏捷，文笔流畅，他的稿子也得经过领导的层层审查和修改。当作者拿到打印或铅印好的定稿，往往已经面目全非，不仅加上了很多他根本没有的思想，或增添了不少他从未做过的事迹，而这一切又必须由他自己向公众宣传。意见是徒劳的，修改更不可能。

"这一段话是不是提得太高了，我当时没有这样想过。""你不能太谦虚嘛！当时没有想到，现在想到了不一样吗？这可是某主任亲自加的，是根据中央某某同志的精神。""那件事是大家一起干的，也不是我带的头，现在说是我发动的，群众会有意见，我也不好意思。""宣传你不是你个人的问题，是革命的需要。集体也要有人代表的，这离不开党的领导。群众是通情达理的。""可是我只干了三天，这里说日以继夜苦干了一个月。还有为国家节约了大概 4 万元，不是 40 万。""这些同志太粗心了。但稿子已经在常委会上通过了，明天就要见报，再改影响不好。好在不是什么原则问题，你就照讲吧！有问题我们负责做工作。"公开宣传后当然更不能更改，而且还会根据更高的领导、更新的精神不断提高和增加，本人永远只能违心地吹下去。一部分人慢慢习惯了这种程序，有些人已能主动配合，按需提供自己的思想和事迹，也有的人从此发现了自己的伟大，醉心于无休止的自我表演。

随之而来的荣誉和利益对一部分人的诱惑也是难以拒绝的。一些样板从此平步青云，委员、代表、标兵、模范、红旗，直至中央委员、人大常委、党和国家领导人，还有机会出席各种文艺演出、招待会、宴会，参加疗养、外地参观、进京观礼、出国访问。有些样板虽然还是"普通劳动者"，但劳动的时间已经越来越少，甚至每次劳动都要成为记者采访和拍摄的机会。有些样板的工资虽然没有增加，额外的利益却会超过工资的总额。作为样板的单位不仅可以出干部，而且会获得优惠供应、贷款、资助、试验、减免等各种有形无形的利益。这些当然会坚定一些样板继续努力当下去的决心。

不过对大多数样板来说，伴随他们的并不仅是掌声、鲜花、美酒、闪光灯，也有烦恼、紧张和失落。

一是政治风云变幻无常，因为政治需要而迅速树起的样板也会因政治需要而在瞬间垮台，由某一人物树起的样板会随着他的被打倒而成为"黑样板"。要在本来就是经过层层加工才总结出来的先进事迹中找出"弄虚作假"、"贪天之功据为己有"、"欺骗群众"的事实是毫无困难的。当然任何时候都需要一些不倒翁式的样板，特别是在普通工农兵和对国计民生有影响的行业中，但是也少不了要对被打倒对象作一番违心的揭发批判，检查自己"受蒙蔽"的错误，以示彻底划清界线。

一是穷于应付各种活动，使样板们的本业无法继续，这对于有事业心的人来说无疑是重大的损失。而且各种运动、最新指示、公报、声明、社论的发表都要带头表态，都要热烈拥护、坚决支持，文化程度不高、没有表达能力的样板更是不胜其烦，往往要出洋相。笔者亲耳听到一位劳模出身的样板在批林批孔的讲台上厉声痛斥："孔老二这只黑甲鱼！"以下就不知所云了。到了批邓时，又上台叫一声"黑甲鱼"，待"四人帮"倒台，又是一声"黑甲鱼"！

一是墙里开花墙外红，墙里日子不好过。不少样板本来与同事亲密无间，或在本单位深孚众望，一旦成为样板，众人就敬而远之，甚至议论责骂。有人归咎于中国人的忌妒心，不能说毫无道理，但树样板过程中不正确、不光彩的做法是更主要的原因。如前面提到的那种方法所总结出来的事迹，要周围的人不认为是弄虚作假，把集体的功劳算在一人账上是很困难的。在这种情况下，如果样板本人再忘乎所以，矛盾必定会更加尖锐。

五

报酬递减规律告诉我们，在其他生产投资项目固定不变的条件下，增加一项投资时终究会增加至某一点。超过此点，则追加投资所得的收益亦即产量的增加部分，必定会趋于减少。

我们不妨借用这一规律来看看树样板的效果。即使样板本身具有一定的先进行为，通过一定的表扬宣传，会起到一定的积极作用。但如果超过了正常的限度，即使再发动更大的宣传攻势，效果也会越来越小。如果所树的样板本来就不具有什么先进行为，或者靠的是采用弄虚作假、无限拔高、欺骗舆论等不光彩的手段，那就不但不会有什么积极效果，而且会招致不满和反对。"文化大革命"中史无前例的树样板运动给我们留下了什么呢？那一个个反面样板、假样板显了原形，受到了历史的判决自不必说，就是那些的确为国家、为人民做出过重大贡献的单位和个人，凡是被树为样板者，也无不受到公众不同程度的怀疑和冷遇，失去了本来应有的声誉。更加严重的是，传播媒介的信誉因此而大大降低，人们宁可相信小道消息而不愿相信报纸上的话。对先进人物、先进单位的宣传，即使是完全实事求是的，再也唤不起人们以往的热情，相当一部分人对这些都持怀疑态度。这种状况看来不可能在短时期内得到改变。

这就提出了这样一个问题，在社会秩序正常、政治环境健全的情况下，树样板，或者说树典型，是不是一种可取的方法？我认为，这也是应该否定的。

当然我们应该宣传、表扬一切先进人物和事迹，但这和树样板是不一样的，因为这是根据社会的客观存在做出的反映。我们也应该积极引导、培植各种先进因素，但必须提供公正的竞争条件，并根据它们的结果来给予评价，而不是像树样板那样根据既定目标给予特殊条件，以换取对某种路线、某项政策的肯定。

在中国这样一个大国，在我们所面临的复杂形势下，随时可以找到各种截然相反的典型，离开了数量分析就毫无意义。今天我们完全可以找到致富的亿元大款，也不难发现食不果腹的家庭；可以找到廉洁奉公的干部，也不难发现腐败枉法的官员；可以找到刻苦学习的青年，也不难发现终日玩乐的学生；如果我们不了解这些典型的数量以及它们在全体中所占的比例，又怎么来判断我们社会的实际状况、政策和措施的实际效果，确定我们的未来方向？离开了数量分析的典型充其量只具有个体的感染力，并很可能被用于证明某位领导、某项政策的正确性。因此，政策或路线之能否被贯彻执行，主要取决于它本身在理论上是否正确，在实践中是否有效，而不是虚张声势，大造舆论。树样板的方法往往是在不成熟的条件下对它做了过早、过于绝对的肯定或否定，而且必然导致简单的模仿，使政策丧失了活力，成为固定的模式。对典型的宣传也容易将一些在特定条件下的经验当作普遍规律，掩盖了政策或路线本身的错误和缺陷，推迟了发现和纠正的时间。

在政治透明度不高，传播媒介还不健全，全社会的文化程度较低的情况下，采取树典型的方法难免会伴随着形式主义、脱离实际、片面性的做法，也很难摆脱长官意志的影响，并缺乏有效的舆论监督和充分的群众基础，所以实际效果是相当有限的。近年来名目繁多的"先进"、"标兵"、"最佳""新星"已经大大贬值，甚至成为明显的讽刺，就是很有力的证明。

读这本书是我人生的转折

我自幼喜欢看书，更确切地说，看一切文字。如哪里拣到一张旧报纸，也会从头看到尾，尽管有些内容根本看不懂。小学时从《卓娅和舒拉的故事》中得知有一本小说名《牛虻》，但直到读初中时才看到。这本书看得我如醉如痴，有好几天脑海中无法摆脱这故事的影子，我第一次感到一本书的魅力。以后看的书多了，就再也没有那么强烈的感受，不过有一本书对我的影响却无法替代。

1971年10月间，我正在上海某中学任教，听到林彪在蒙古温都尔汗坠机身亡的消息后，迷惘的思路再也理不出一个头绪来。"文化大革命"一开始，我就以最大的热情响应领袖的号召，唯恐没有紧跟他的伟大战备部署，唯恐"斗私批修"不力。1966年11月在北京西苑机场见到毛主席后，立即挤上火车返回学校闹革命，一路捧着一尊当时还很希罕的毛主席石膏立像，引得满车红卫兵和革命师生羡慕不已。回校后才发现自己因为一直紧跟党支部而成为"资产阶级保皇派"，成了造反派揭发批斗的对象。进入"批判资产阶级反动路线"和"夺权"阶段后，我对现实生活中的种种现象常常百思不得其解，但对领袖神话的信念却丝毫没有动摇，总以为"文化大革命"中的一切错误和社会上的种种弊病都是违背他的指示的结果。但当那位"副统帅""自我爆炸"后，尽管文件中传达了一封信以证明领袖的"高瞻远瞩"，我却陷入了迷惘。更使我困惑的是，刚开始不久的批"左"很快就转向，据说林彪路线的实质还是"右"，所以要继续反"右"，坚持搞无产阶级"文化大革命"。

当时新华书店有专为国家干部设立的内部供应处，按各单位的级别配给"内部发行"的书籍。中学教师忝列国家干部，我在这所中学又有一定实权，所以总能优先看到这些内部书。在刚到的书中，一套《第三帝国的兴亡》吸引了我的注意，因为我们从小就看过不少苏联有关卫国战争的小说，希特勒和第二次世界大战在我心目中是相当神秘的故事。本来只是将这本书当成历史来读，看着看着却欲罢不能，看了一个通宵，第二天晚上又接着看，一些重要的章节看了不止一遍。

我很自然地联想到了"文化大革命"，一些自己经历过的场面与书中的描述竟如此相像！一想到这里，我不禁紧张起来，一次次警告自己：绝不能丧失革命立场！但无论是书中的情节，还是自己的回忆，都无法从脑海中清除。等一次次的震荡平息下来后，我不得不接受这样一个痛苦但真切的事实：领袖不是神，并非永远代表着真理。我开始思考，为什么两个相隔颇远、属于不同文化的国度，在相隔三十年后会出现颇为相似的悲剧？

在当时的形势上，我只能将这些想法深埋在心里，唯一的办法是拼命看一切可以得到的"内部书"和合法流传的古籍旧书（如打着"批林批孔"、"评法反儒"的旗号），逐渐形成了自己的想法。但我永远不会忘记，这本书给我的震撼，把它看成我人生的一个重大转折。

当时我并没有注意这本书的作者和译者。十多年后有幸在北京见到董乐山先生，才知道他是此书的译者。不止一次想向他倾诉我首次读此书的感受，却都因在场的人不少，不便谈这类完全个人的话题。如今董先生已归道山，我只能在这里向他汇报，并郑重地说一声谢谢。

我当市人大代表

　　1976 年 9 月，毛泽东的追悼大会结束后的一天晚上，我与一位当时最密切的友人议论中国可能发生的变化。当时流行一句话："两个人说真话，三个人说假话，四个人说笑话。"意思是说，只有两个人之间才能说真话，因为万一对方检举揭发也不会有证据。三个人在一起说话就比较危险，万一其中两个联合起来揭发另一个，此人必败无疑，所以千万不能说真话。人再多就更麻烦，还是说笑话稳妥。我与他只有两人，说的是真话。我们都认为在毛泽东逝世后中国将会发生变化，他认为在三年后，我估计只要一年；他认为会回到"文革"前，我估计至少要回到大跃进前。谁也没有想到，惊天动地的变化不到一个月就出现了。

　　"四人帮"倒台的消息传到上海的第二天晚上，我所在的中学党支部召开教工大会，传达上海市委负责人马天水的讲话。我一方面为这个消息得到证实而兴奋，另一方面对马天水所强调的"上海市委没有问题"深为不满，几次打断支部书记的传达进行批驳。当时我是该校"红卫兵团"的辅导员，负责全校的学生工作，手下有一帮学生干部。会议一结束，我就带着他们刷出一幅大标语，责问上海市委站在什么立场。接着又写了一份大字报，让学生抄了两份，与他们一起骑着"黄鱼车"（上海一种三轮车，一般用于运货，也可坐人）或自行车，贴到了火车站和外滩"市革会"（上海市革命委员会所在地，当时上海市的权力机构）附近。那里已是人声鼎沸，大幅标语铺天盖地，但有内容的大字报并不多，所以我的大字报吸引了不少人。当晚，我们又骑车去了康平路（上海市委书记处办公处），大门前已不见警卫，进出的人络绎不绝。张春桥家已人去楼空，进院的人都会去转一圈。其他几幢楼门窗紧闭，一片漆黑，一圈圈人就着灯光在议论各种小道消息，来自复旦、交大的人最受欢迎，无不成为人群的核心，大概是因为他们传播的消息比较可信。

很快尘埃落定，党中央派苏振华、倪志福、彭冲到达上海，任市委第一、二、三书记，原市委书记马天水、徐景贤、王秀珍都成了揭批对象。这几天我忙得不可开交，最多一天参加三场集会游行——带学生参加区、市两次游行，参加全区教师的集会游行，庆祝粉碎"四人帮"的伟大胜利。这几天还先后去人民广场等处参加揭批马、徐、王的大会。连日来我处于高度亢奋的状态，很像十年前"文革"爆发那一两个月间，当时我曾狂热地拥护毛泽东发动的"文化大革命"，唯恐稍有落后。

我对"文革"和毛泽东当时实行的路线的怀疑是从林彪事件开始的，但并没有理出一个头绪，而长期接受的"左"的影响却根深蒂固，往往是站在同样"左"的立场上反对某些"左"。例如，上海市的写作组"罗思鼎"在《红旗》杂志发表文章，总结秦王朝迅速覆灭的原因是因为新兴的地主阶级缺乏经验，我立即给《人民日报》写信，批判此文否认阶级斗争，美化地主阶级。

但另一方面，"文革"十年期间我在任职的中学所起的作用是独一无二的，就是反对我的人也不得不承认。

"文革"一开始，我紧跟党支部"横扫一切牛鬼蛇神"，真正做到了"党（支部）"指向哪里我就打到哪里。批判资产阶级反动路线时，我成为学校头号"保皇派"，与党支部书记一起被打倒。上海的"一月革命"后，党支部被夺了权，支部书记被监督劳动，学校实际瘫痪。我当了一段时间的"逍遥派"后，又成为新成立的"校革会"下属"专案组"的成员，等"工宣队"（工人毛泽东思想宣传队）和"军宣队"（解放军毛泽东思想宣传队）进驻学校，我继续留任，经历了清理阶级队伍、"一打三反"、"批林批孔"、"评法反儒"、"反击右倾翻案风"等运动。学校的重要材料——无论是工宣队负责人的讲话、党支部的总结、"红卫兵团"的报告、学校代表的大批判文章——不是由我代笔，就是由我改定。学校举行悼念毛主席的大会，几个发言全部由我一手包办。到 1972 年，我这支笔杆在所在的区已小有名气，正好市写作组要物色有教学经验、适合教育大批判的写手，区里决定将我选送，学校里已开了欢送会，后来才知道临时换了人。不过这并没有影响我的笔力，党支部副书记在市区大会上的发言稿，1976 年在上海市青年纪念"五四运动"大会上以学校"红卫兵团"名义发表的批"资产阶级法权"的文章也是由我起草或定稿的。

1967 年后，学生中的犯罪行为增加，学校专案组中由我联系警方（当时称为"公检法军管会"）和"文攻武卫"（名义上是群众组织，实际可随意施行专政手段），逐渐成了学校的"派出所所长"，管理所有犯罪或越轨的学生，处理校内外各类事件，镇压学校里随时可能出现的乱子。我与警方的关系也越来越熟，大约有两年多时间在分局参与"群众办案"，从协助调查、拘捕、审讯、押送去外地，到整理积案都干过。还经手判过一个案子，已确定无罪释放，因为所在单位的"工宣队"不答应，改为判刑三年（实际已关满时间）。1974年，我又担任"红卫兵"辅导员，从学生干部到差生都管上了。我积累了一套对付各类学生的办法，加上有强大后盾，所以只要我到场，无论是在校内，还是学生所在的街道里弄，没有哪个学生（包括已毕业的）敢捣乱，其他地方的流氓差生也退避三舍。我带领学生外出，无论是"红卫兵"干部还是一二千学生，都能指挥自如，秩序良好，在当时简直是奇迹。

我对工作可谓全心全意，一年365个日夜，除了除夕夜回家睡以外，其他晚上都住在学校。校内唯一的一部电话就安在我的房间，随时上通下达。有几次上级在半夜发通知、传达文件，到我这里是最顺利的，也给他们留下很深印象。到"四人帮"倒台，学校转入"拨乱反正"，"抓纲治国"时，我自然更加努力，学校面貌、特别是学生工作方面，也为之一新。

1976年"五四"青年节，团区委安排我在全区大会上发言，并将我树为标兵。不久我被评为区教育战线先进工作者，当年9月，又被评为上海市教育战线先进工作者。我的"先进事迹"中，除了我历年的工作表现外，又增加了两个"与四人帮作斗争"的例子，一是我带头贴出大字报，揭露原上海市委与"四人帮"的关系，一是我写信给《人民日报》，批判罗思鼎的文章。后一件事是支部副书记反映的，因为我的信寄出前给他看过。实际上我当时是害怕写信会出事，先给他看一下以便多一个证明。颁奖的那天，我们戴着大红花，在夹道欢迎中进入上海万人体育馆，又当众上台领奖。市委书记彭冲给我发奖状时，问我在学校教什么课，我告诉他是"红卫兵团"的辅导员，相当于以前的大队辅导员和团委书记，他说："这工作很重要呀！我以前也做过。"电视直播更扩大了我的影响。

1977年，上海市准备恢复人代会。由于来不及先开基层的人代会，代表是由各区县通过酝酿提名，征求所在单位意见，再在一次临时召集的会议选举出来的。区领导或者知道我的情况，或者听过我的发言，马上想到了我。正好教育界已经提了两位小学的候选人，一位是老模范教师，一位是中年总支书记，都是中共党员、女性，就缺一位中学年轻男教师，最好是非党员，我在哪方面都符合。于是我在自己毫不知情的情况下，顺利当选为第七届上海市人大代表。

尽管我在1978年10月就离开中学和所在区，但这一届任期为五年，到1981年才结束。这几年正是中共十一届三中全会召开前后和改革开放发轫阶段，市人代会也发生了显著变化。1977年底召开的第一次会议的模式几乎是"文革"期间大会的翻版，全体代表早早入场坐定，在乐曲声中，苏振华等领导登上主席台，全场起立鼓掌。在小组会上，市领导很少露面，偶尔到达，都有充分准备，记者的镜头早已对好，领导在发言后，照例表示因公务繁忙，立即离开。其他代表的发言大多照本宣读，在坚决拥护的表态后，工农代表多作忆苦思甜，干部代表少不了声讨"四人帮"罪行，知识分子代表在控诉之余，少不了歌颂英明领袖，掌声不断，甚至不时响起口号声。有位老劳模一直被当成典型，"文革"期间批林批孔时让她在大会发言，她怒斥"孔老二这只黑甲鱼"，批邓时仍骂为"黑甲鱼"，到人代会上又批"四人帮"这批"黑甲鱼"。我们区代表分为两组，我所在一组除了我们三位中小学教师外，还有上海工学院的几位代表，干部、知识分子较多，每次讨论总嫌时间不够，不得不推迟散会。另一组大多是工农代表，掌声、口号声虽多，却经常提前结束。

开会期间每天由专车接送，伙食丰盛，午间休息时有电影招待，每天晚上安排观赏戏剧、杂技、歌舞演出。会场内特设的商店货物充足，质优价廉，大多是外面需要凭票供应，或经常脱销的，像久违的大白兔奶糖、花生、生梨等，还有同样紧俏的书籍、邮票。我买了不少书，包括《现代汉语辞典》，也买了一些商品孝敬父母。这是我从来没有享受过的待遇，但除了听报告，发言表态，鼓掌通过外，实在没有什么代表人民的内容。最后选举新的一届"市革命委员会"和出席五届全国人大的代表，也是完全等额，照单通过如仪。在选举的全国人大代表名单中有复旦大学历史系教授谭其骧，想不到一年后我成了他的研究生。有一位女性"市革命委员会"委员一年后也考入复旦大学研究生，成了我的同届同学。市外办主任李储文（后出任新华社香港分社副社长，现为上海市政府顾问、市社联主席）与我同组，第二次会议期间他得知我考上研究生，而他的儿子也成了研究生，使彼此间增加了一个共同的话题。

不过从第二次会议开始，无论从形式还是内容，都逐年发生变化。例如，领导人出场不再奏乐、全场起立鼓掌。晚上的演出改为自己购票，一般只安排一两次。记得有一年是看关肃霜的京剧，我买了票与列席会议的谭先生一起观看。随着市场供应的好转，会期的内部购物也只是提供便利了。"市革命委员会"撤销，恢复为市人民政府，由人代会选举正副市长。对市政府的工作报告，开始强调审议，不再先表示坚决拥护，具体意见增加，有的还相当尖锐。我开始意识到自己作为人民代表的职责，并且不限于大会期间。

十一届三中全会后，平反冤假错案，落实政策全面展开，一些情况反映给我们这些代表。我尽力而为，总算解决了两件。一位住在长宁路的周某给谭其骧先生写信，他因冤案被判刑，现虽落实政策返回上海，却一直没有安排工作，请全国人大代表转达要求。那时我已担任谭先生助手，就代他回信，并将材料整理好，让谭先生带到北京，交给全国人大。但会后仍杳无音讯，周某不断来信。到下次大会时，我与谭先生联名上书，又直接找市人大反映。周某也知道了我的身份，有的信直接写给我。大约经过两年间多次反映，终于收到周某来信，他被安排到一所大学（或许是他原来的单位）工作。他要求与我们见面，当面致谢，我谢绝了他的好意。我觉得他恢复工作是理所当然，而且远远弥补不了他所受的损害，我既不忍听到他的感谢，更怕当面推辞不了他可能做出的表示。

另一位给我写信的是所在区一位中学教师，"文革"期间因邻里纠纷，被对方串通公检法拘捕，长期没有平反。我虽已离开该区，但在公检法还有不少熟人，包括几位领导。有人劝我不要管此事，因为牵涉到某领导，当时就是他办的案。提了一年毫无结果，我直接找了区委书记，经他批示，让我与公安局、教育局领导直接讨论商谈。在这种场合与熟人见面颇为尴尬，我只得公事公办，据理力争，驳斥公安局的种种借口，最后达成一致，为这位教师彻底平反，恢复名誉。多年后，我回母校作报告，结束时一位教师来见我，问我还记得他吗？原来他就是那位教师，后调入我的母校。校长向我介绍，他现在负责全校的电化教学，成绩突出。想起往事，我十分感慨，这样一位优秀教师的命运很可能就断送在"文革"之中，我曾经尽过代表的责任，自然感到欣慰。

"文革"结束后的第一次工资调整进行时，复旦大学的几百位研究生中有一大半是属于加工资的对象，但因为有的是在原单位拿工资的，有的已与原单位脱离关系，纷纷找我反映情况，要我向市政府和有关部门提出。为此我开过几次座谈会，提出了确保在职或带薪研究生的权益的提案，以后又将政府的答复张贴在宿舍区。因此很多外系的同学都知道我是市人大代表，王沪宁等见面时一直戏称我为"代表"。

人代会恢复提案制度时，大多数代表不知提案为何物，更不会写提案。我除了自己提出外，又增加了帮助其他代表写提案的任务，一般由他们告诉我具体要求，我整理为提案文本，然后交他们签字。我自己写的提案，也找合适的代表签名后递交。当时对提案没有严格规定，只要有人提，一般都立案。会后发下两厚本提案汇编，我提的数量名列前茅。其中一项要求电影院恢复学生场的提案被采纳后，《光明日报》还在头版作了报道。但有些牵涉范围稍广，或有实质性内容的提案往往无疾而终，或者仅仅得到圆滑有礼的答复。当学校出现竞选所在地区宝山县人大代表热潮时，也有几位研究生同学打出竞选旗号，有的还配上大幅漫画造势。看到有的竞选宣言中出现"改善教师待遇"等口号时，我不禁哑然失笑——复旦教师的待遇宝山县人代会管得了吗？这说明我这个市人大代表没有白当，至少我明白了哪些事哪一级人大代表能管，市人大代表该做什么。其实，只有在解决一些具体问题时才会立竿见影。谭先生的家从复旦宿舍迁入淮海中路新居后，一直装不上电话，工作很不方便，学校出面反映了几次都没有解决。我在会期直接找了出席会议的市电讯局局长，特别强调谭先生是全国人大代表，他记下了姓名地址。当晚我到谭先生家去，得知午后电讯局已来人安装电话，立即开通。

　　五年后市人大换届，我早已脱离了中学教师和这个区，自然不会连任，但这一段经历成为我人生的宝贵记忆。2000 年我被增补为上海市政协委员，次年大会期间，我正在南极考察。直到 2001 年初出席市政协大会时，我列席市人大开幕式，并听取政府工作报告，又回到了同一会场。想起 22 年前初次出席人代大会的情景，不胜今昔之感。

1982 年的记忆：搬家

　　1981 年底，我从复旦大学历史系研究生毕业，留校工作，成为历史系的教师，我的人事关系也从原来工作的中学正式转到复旦大学。到了 1982 年 3 月，我又被录取为复旦大学的在职博士研究生，同时继续担任导师谭其骧教授的助手。

　　正式成了大学教师，最大的愿望就是改善住房。我在 1978 年结婚时，凭着上海市人大代表、上海市教育战线先进工作者的证明，加上夫妻双方家庭均属住房困难户的条件，分配到了一间不到 11 平方米的房间，另有两家合用的一个小厨房和卫生间。随着女儿的出生和成长，随着书籍的增加，这间小屋已经被塞得满满的。更麻烦的是，由于不住在校内，晚上或假日只能在家里工作，但唯一的桌子同时要供一家人吃饭、太太做家务和女儿玩耍，所以摊开的书得一次次收拾让位。谭先生的家住在淮海路，我常常奔波于淮海路、学校和自己家之间，那时上海的交通还很不便，有时路上就得花两个多小时。眼看学校宿舍区一幢幢新房拔地而起，但分配对象主要是已经住在校内的教师。而根据当时的政策，不住在学校的教师只能由所住地区的房管部门分房，执行的是一般市民的标准，我们一家三口已经高于困难户的标准。所以对我来说，争取迁入校内宿舍才是改善住房的第一步。

但要迁入学校并不容易，我先写了一个书面报告送到系总支，又请谭先生向学校领导反映，再经学校的分房领导小组讨论通过，才由房管处通知我办理手续：将现在的住房交给学校，在宿舍分配给我一室半户。所谓一室半户，就是一大一小两间房间。但同样一室半，也有很大差别，最好的有独用的厨房、厕所的新公寓楼，最差的是两户合用的旧房，一般是按各人的积分次序挑选。我是照顾迁入学校的，不列入正常排队，所以没有挑选的余地，配给我的是第六宿舍楼上。我只求迁入学校，接到通知就迫不及待去看房。

那是一排建于20世纪30年代的日式两层小楼，据说曾是侵华日军小军官的宿舍，楼下是一间房间、一个壁橱和一间厨房，楼上是大小两个房间，在楼梯的拐弯处是一个小厕所。半个世纪前一位日本小军官的住房得由两位中国大学讲师合住，还供不应求。尽管建筑已破旧不堪，但毕竟多了一个房间，合起来有约18平方米，屋后还有一片归楼上住户使用的小院，隔壁一位生物系教师家的土地上长着绿油油的蔬菜。我与太太满心欢喜，简单粉刷一下就准备搬家。

我离开中学才三年多，从原来的学生中请来几位身强力壮的，借了一辆卡车，一个半天就解决问题。当时人的家具都很简单，邻居对我家里搬出来的东西居然满满装了一卡车，还相当惊奇。等傍晚将女儿从幼儿园接到复旦大学第六宿舍，她才发现家已经变了。

搬家后最大的变化，是我有了一间小书房，尽管不满6个平方，朝北的窗户使房内永远是冬冷夏热，但毕竟容下了我一张书桌和一个书架，还让一道板壁构成了我的小天地，虽然它没有一点隔音作用。更使我感慨的是，一度被批判是资产阶级思想的愿望居然成了现实。还在高中读书时，我曾经梦想将来能有一间小书房，哪怕很小，让我能关起门来读自己爱读的书。到 1964 年"面上四清"（社会主义教育运动）时，我暴露"资产阶级名利思想"，在小组会上作了自我批判，1966 年"文化大革命"期间又被翻出来作为批判的内容，在此后十多年间已经不敢再想了。

初期的陶醉以后，新居的特殊性使我逐渐回到现实：蚊子密度高、品种多、生命力强，从仲春到初冬不绝，耐各类蚊香，善突破窗纱。老鼠数世同堂，无处不在，机动灵活，意志坚强。我曾用鼠夹夹住一头硕鼠，也曾用胶粘住两只幼鼠，但丝毫起不到警告作用。生物多样性表现充分，不知名的虫子不仅视厨房为乐土，而且可以沿墙壁爬上楼来。房屋抗震性强，马路上每有车驶过，楼板、墙壁都有剧烈震动，窗户会嘎嘎作声，但不必担心房子会震坏。充分感受经济繁荣，墙外就是自由市场，并且紧靠家禽摊，每晚我开始工作时就能听到摊主往鸡鸭肠胃中强行灌食的声音，鸡鸭的挣扎和惨叫声一直伴随着我的工作，而午夜或凌晨我要睡觉时公鸡啼鸣不绝于耳，鸡鸭气味自然不可抗拒。好处也不少：我去办公室、图书馆，送女儿上幼儿园，菜场买菜，食堂就餐，都在 5 分钟之内。每当陪谭先生出差，还能在学校车队搭去接他的汽车，不必挤公共车了。太太在后门的地上种上小葱，还发现遍地有自生自灭的马兰头可供食用。不过权衡利弊，我自然在等待下一次分房，以便能根据自己的积分逐级上升。

1986 年底，在我从美国当了一年访问学者返回后不久，终于分到了两室户，1992 年迁入二室半户，1998 年通过学校补助和住房公积金贷款有了现在住的 126 平方米的高层公寓商品房，在 53 岁时实现了安居乐业的愿望，并且真正有了一间合用的书房。

但我永远不会忘记 1982 年的搬家，毕竟那是我改善住房的开始。我也经常会想，要是我早一点能有一间真正的书房该多好！

财富断想

在我的观念中，财富是由财与富两部分组成的，两者含义不同，内容各异，但又密不可分。当然这是指物质的、具体的财富，而不是抽象的，或精神的财富而言。所谓财，无论是指物质、商品，还是货币，在一定的时间和空间范围内，是可以量化的，例如有多少人民币、多少美元，或者是一套公寓、一幢别墅。但富却未必能通过财的数量来体现。据说富裕国家通行的富人标准是拥有随时可支配的 100 万美元、一套住房、一幢别墅、两辆汽车；但在中国似乎不必那么多。而且，同样的财在不同的人手里会体现出不同的贫富。前些年，上海市政府规定最低收入标准，引起西部一位处级干部的不满，说所定标准比他的工资还高。其实，谁都知道，即使那位处级干部拿的钱更少，实际上也会比上海的低收入者富。就像有一次一位总理对凤阳的农民说，你现在的收入比我的工资还高。但从来不会有人相信，凤阳哪怕最有钱财的农民与北京的高官一样富，因为高官的实际待遇是无法用工资来衡量的。所以，除了财以外，是否算富，富到什么程度，还取决于其他很多因素，如政治地位、社会声望、权力资源、人缘友情，甚至个人品行。这种现象在世界上哪个国家都免不了，但在穷国或像中国这样处于转型中的国家，肯定更为突出。

对这一点我深信不疑。当年在课本中读莫泊桑的《项链》时就想，为什么同样的假项链，戴在阔太太脖子上就成了真的？而小职员的太太却非要以为戴了真项链才有自信呢？我一位久居国外的朋友回上海后，给他的孩子买了不少假名牌服装，从来没有人怀疑这位外籍华人的孩子浑身的名牌。但小贩的儿子偶然穿上别人送的名牌服装，周围人都以为是冒牌货。中国开放以来，我们都曾看到过有人提着正在放录音的单喇叭收录机招摇过市，年轻人戴的墨镜上贴着一张不小的"PASS"，大款后面跟一位捧着砖头般大小移动电话的随从，当时多数路人会向他们行注目礼，但要是今天看到这种情况，大家或许会怀疑这些人精神不正常。这固然有物价的变化，这些东西现在已不那么值钱了，更有精神因素，因为当时令人艳羡的条件已不复存在。可见，财富并不是纯粹的物质，至少与精神因素有关。

　　我虽然出生于号称江南名镇、并以拥有众多豪富著称的浙江湖州南浔镇，但我家却是外来的小户，自幼向往的只是免于饥寒，至多温饱，从来没有想到过能有什么财富，1962年初，我在《青年报》发表一副"新春联"，获得5角钱稿费，是我平生第一笔现金收入。1964年9月，我进上海教育学院的师资培训班，每月领到18元津贴，从此不再依赖父母。1965年8月正式成为教师，每月工资37元，开始有了积余。但直到改革开放，财富二字还与我完全无缘。一方面是工资低，当我于1978年离开中学到复旦大学读研究生时，是十年一贯制的月薪48.5元，虽足以维持生计，但连买书也得精打细算，所以无财可理。另一方面，是囿于当时流行的观念，考虑生活和享受是万恶的资产阶级思想，想多挣钱当然更可耻。

　　此后，这两方面的情况都发生了变化。1979年，我在复旦大学学生会办的杂志《大学生》上发表了一篇译文，拿到了22元稿费，几乎相当于我半个月的工资。以后开始陆续发表论文，稿费成为工资外的重要财源。1984年，我与同人完成了一项古籍整理，获得了3000元稿费，在当时不啻一个天文数字。1985年7月我到哈佛大学做一年访问学者，哈佛燕京学社给我的津贴是每月约1300美元，那时美元与人民币的比价约1：3.2。开始到美国，每花一块美元就会在心里乘以3——相当3元人民币呀！手都会发抖。但来了几年的朋友告诉我，应该乘以10，因为你的收入至少是国内的10倍。可不，那时我作为复旦大学的讲师，月薪还只有人民币65元。实际上，美国的物价相对于收入来说并不贵，除去一家三口的开销，我的津贴还是每月能有积余。加上这些年来的思想解放，观念更新，我逐渐形成了自己的消费和理财观念。

大概是前35年深受无钱之苦的缘故，我一直以为与节流相比，开源是最重要的。所以只要有利于开源，必要的投入应毫不犹豫，冒些风险也值得。1986年秋我从安徽乘火车回上海，按规定副教授只能报销硬座牛票，上车后我自费补了十来元的差价，坐进了软席车厢。同行者不理解，觉得硬席车也有座，何必多花这钱？我有自己的算法：那时的软席车很空，完全可以占着一张小桌，我随身带着待标点的古籍复印件，每千字的稿费约3元。车到上海，我已点完五六千字，所得远超过所付，而且能及时完成，何乐而不为？所以，只要发现有利于改善工作条件的设备，我总是尽早购买。1986年夏天买摄像机；1987在房间里装窗式空调；1990年买台式电脑；1991年买笔记本电脑；1992年买手提摄像机；1997年买数码照相机；1998年买第二台笔记本电脑和掌式摄像机；2000年买第二架数码照相机、第一个数码录音机；2001 年买第三台笔记本电脑；百分之百自费。钱花了不少，但除了摄像机只供个人收集资料外，其他设备都产生了很大的效益。这些新、轻、精的设备，随着我走遍七大洲，无论在飞机、火车、轮船，旅途、旅馆、会场、野外、家居，我都能随时运用。像今年在非洲期间，几乎每天在路上，但我用笔记本电脑写的文章，用数码相机拍的照片，都能及时发回国内，在网络和媒体发表。我的第二架数码相机是专为南极之行买的，用它拍摄的南极照片广泛发表于报刊杂志和画册，也用于我自己的书中。所以我以为这样的投入是值得的，比一味节流的效益要高得多。

在财力允许的范围内，应该适度并且积极地消费。钱存在银行、留在家中，或一味追求保值，至多只能产生精神上的满足，只有通过消费才能既改善物质生活，也满足精神需求，还能促进社会经济的发展，于公于私都有利。1985 年到美国后，我感到有汽车很方便。向留学生了解一下，觉得完全有财力购买和使用，而且我的使用率比别人高。于是马上学车，考驾照，买二手车。那时买车的都是年轻的留学生，没有我这样 40 岁的访问学者；他们买的都是几百美元的旧车，上千美元的也不多，而我买了一辆 1800 美元的。不少朋友不理解，或者以为我准备长期留下去了。我告诉他们：正因为岁数大了，今后全家一起到国外来的机会不多，更值得享受一番。车买得好些，是为了明年回国前能卖个不错的价钱。第二年一开春，我一家用这辆车游了纽约、华盛顿、尼亚加拉瀑布等地，还在加拿大玩了一个星期，周末几乎走遍了波士顿附近，有时还带上其他朋友。有了车，参加各种活动、看书、访友方便多了。周末购物也不再限于中国城，只要在报上看到便宜品的广告，一下子就到了，太太经常能用减价券换到日常品。这辆车我一直用到回国的前一天，按预先协议转让给一位朋友，卖了1200美元。要是我贪便宜买几百元的车，不仅不敢跑长路，去不了加拿大，临走时也未必卖得掉，还得花一笔钱处理。

1987年我分到了一套两房独用公寓，在卧室装了窗式空调。当时整个复旦大学宿舍区，除了学校的小招待所外，还没有一家装空调。安装手续也很麻烦，先得向供电局交申请报告，花100元换电表，接专用线路的人工和材料费另付，还得按每月12元标准交4个月共48元的"超量使用费"，外加这台空调每天耗电约10度。不少人问我怎么舍得花这些钱，或者打听究竟要用多少电，合算吗？我的算法却是：空调是回国时带来的，钱已支付，不用也是浪费。一次性的安装费虽不少，还付得起。每月开支增加一百多，但每年最多用三个月，一家人舒舒服服度夏还是值得的。何况以往盛夏晚上根本做不了事，现在照样能写文章，提高了工作效率。

1990年我买第一台台式电脑还是长城牌8088型，黑白显示屏，连配一个很小的硬盘，花了近1000美元。我买的第一台笔记本电脑是286黑白显示，又笨又重，也花了1000余美元。这类产品日新月异，价格也直线下跌，所以有些朋友花同样的钱买到了很先进的设备，认为我不合算。国人也普遍有这样的心态，一种商品出现后要等它跌到心理能接受的价位后才买，早买了的人会感到后悔。我不赞成。我与朋友开玩笑说："很好，你现在什么都不要买，等临死前全套送给你。"商品的价值在使用，不存在绝对便宜的价格。我固然比别人多花了钱，比别人早用了多少年，享受的时间比别人长，或者以此创造的财富比别人多，有什么不合算呢？相反，如果使用不了，享受不到，即使拥有，又有什么意义？但我到现在不用手机，因为我觉得只会给我带来更多麻烦，使我丧失自己支配时间的自由。为此我得经常给别人解释，为什么不能提供个人手机号码，包括在上级有关部门的表格上手机这一栏内填上"不用"两字。

经常见有人批评"高消费"，如不久前报上揭露某餐馆开数十万的酒席，一致声讨，我觉得毫无道理。我曾专门发表文章，说明我对所谓"高消费"的态度。简言之，消费不等于浪费，也没有绝对的高或低。上海博物馆的门票大概是同类博物馆中最便宜的——20元，但对于贫困地区的家庭来说，是一个学童一年的学杂费，给希望工程捐款可以救助一名学童。那么是不是上海博物馆应该关门，或者所有的参观者得先捐款？对于亿万富翁来说，数十万的酒席费本来算不了什么，如果他不消费，除了增加银行存款外毫无意义；如果他花了这钱，政府可以收到十来万的税，餐馆和相关企业（如酒厂、供货商）可以获得大笔利润，一大批人（服务员肯定很多，据说还表演歌舞）可以因此而就业。其实真正吃掉用掉的东西是很有限的，大量的是附加产值，何浪费之有？至于说到社会影响，本来就是反对者制造出来的。要是媒体不报道，谁知道？另一方面，如果民众都有正确的观念，就绝不会大惊小怪。贫富差别本来就存在，富人多花钱，政府才有更多的财力给穷人帮助，穷人才有更多就业机会。拿最新的例子来说吧，故宫博物院花了政府2000多万买了一幅画，够高消费了吧，还是公款！卖主没有透露，但他肯定得交一大笔税，拍卖行也得交一笔税，政府实际已经收回了一部分。如果这位卖主愿意高消费，不是可以回收得更快，下岗工人也多些就业机会吗？总比他将钱全部存在银行好吧！

有些人担心这类高消费都是用公款，会导致腐败，这是另一回事，应该通过党纪国法来解决。我也认为，在任何情况下，财的来路必须清白，也要花得合法，既不损害国家利益，自己也心安理得。1986年我带了一架摄像机回国，事先问过我国驻外使馆，得到的答复是，可以使用两个"大件指标"（即电视机、录像机一类的免税指标）。但在上海出关时，海关人员告诉我，摄像机不属免税范围，要进关至少得交3000元税——相当我两年的工资。一位关员对我很同情，示意我作为录像机申报，就可按一个"大件指标"放行。我谢绝了他的好意，筹钱交了这笔税。我赞成合理避税，在法律许可的范围内减少自己的损失，但聚财以道的原则适合于任何人，不应该为了省钱而违法，更不能通过非法途径积聚财富。

我的观念还没有新到举债消费，不敢花明天的钱来提前消费。但到1999年购买现在住的商品房时借了10万元公积金，分10年偿还。我也明白应该以钱生钱的道理，但深知目前的市场不规范，自己既无经验，又没时间和精力，至今还墨守陈规。先师谭其骧先生生前捐资创立的一项基金，前几年已积累到约20万元，一位同事建议交给他经营，保证每年牟利百分之多少，并表示如达不到就由他个人补偿。我断然拒绝，怕将好不容易积起来的这笔钱败了，对不起先师。我采取最稳妥的办法，将10万元存入一项三年期基金，获得利息45%。后来股市低迷，利息下跌，那位同事是否获利不得而知，我暗自庆幸当时没有心动。不过，随着国家法制的健全，经济秩序的稳定，市场经济的发达，我相信我的观念也会进一步开放，就像以往这20年间一样。

我的新书房

有一间属于自己的书房的梦想早就有了，但直到十多年前迁入复旦大学第二宿舍时才实现。在那套建筑面积不足 70 平方米的二室半居室中，我将一间 12 平方米的房间作为自己的书房。只是由于进门的"厅"只有几个平方米，放了一张小餐桌后就毫无余地，所以在书房中还得放两把小沙发，兼作会客。

1999 年搬到平江小区的公寓，建筑面积扩大到 126 平方米。但由于是高层建筑，使用面积打了一个很大的折扣。而且除去一个 37 平方米的大厅和一间稍大的主卧室，其他二间都不足 10 平方米，都不适合作我的书房。我只能将书房安置在大厅中，将一间房间与厨房打通后兼作餐厅。可是大厅中还得安排一个会客区，有时免不了干扰，总不像一个真正的书房。

三年前经友人介绍，以比市区公寓还低的价格买下了郊区一幢三层别墅。近年房价飞涨，这幢别墅的市价至少已经翻了一番。但我从来不想作为投资，并不在乎它值多少钱，最高兴的还是有了一间真正归属于自己的书房。

按设计，三楼一般是作主卧室，我认为卧室不必那么大，作书房恰到好处。朝北一个小间被我用作书库，听说江晓原的书房中用上了移动式金属书架，容量很大，我也想安装。联系了宁波一家专门生产和安装这类书架的工厂，却被告知房屋的承重不够，除非装在底层。于是只能充分利用墙壁，将大间的一堵墙和小间的三面墙都装上固定式书架，终于容纳了我的大部分藏书。为了便利工作，我自己设计、定制了家具。在北窗下做了一个长桌，兼作电脑操作台，并安放各种附属设备。我设计了一个底下装万向轮，每层都有万向转轴的移动书架，可以将临时要用的书籍、地图等分层放在上面，移在写字桌、电脑桌或躺椅旁。

书房宽敞后，原来一直无处安放的纪念品、工艺品也有了容身之地。墙上挂了几幅我在外出时拍的照片，书桌上一个小玻璃盒中是从南极带回的企鹅头骨，咖啡桌上有几件非洲人和印第安人的小工艺品，以后还可不断更换。

朝南有一个大阳台，我没有像一些邻居那样将它用玻璃封闭，毕竟新鲜空气、阳光、雨露是人居不可少的。透过玻璃也能看到外面的世界，却无法代替直接感受，迁入虽才数月，夏夜的清风、中秋的明月、绵绵的秋雨、灿烂的阳光都已光临过这阳台。

由于地处小区深处，书房中极其宁静。唯一的缺点是坐在朝北的窗前还是听得到外环线上不断的车声。或许等路旁和小区中的树长得高些密些，噪音会有所降低。

从十几岁做书房的梦，到近六十岁时终于如愿，并且已经超出了当年和前些年的梦想，该心满意足了。但人生往往如此，真正梦想成真了，却未必能享受。现在我能坐在书房的时间却越来越少，大批新书没有时间翻阅，桌上总是堆着看不完的报刊杂志和材料，记录待办事项的单子上圈了旧的又加了新的。于是我有了新的梦想：什么时候能倒上一杯茶，坐在书房的阳台上，在和风丽日中以绿树鸣鸟为伴，翻翻朱墨套印的《六朝文絜》，纵情于山阴道上、富春江畔。

我是"不拘一格"的受益者

——首批获博士学位二十周年感言

我是在 1964 年高中毕业的，因患肺结核未愈不符合报考高校的条件，当了中学教师。虽然工作后还一直想重圆上大学的梦，但随着"阶级斗争"的弦越绷越紧，这种愿望只能埋在心头。在"文化大革命"一次次"革命大批判"中，我不得不承认想上大学是"成名成家"的资产阶级思想。眼看"工农兵"一批批进大学"上管改"（上大学，管大学，改造大学），我这个只能接受改造的教师完全绝望了。1977 年高校恢复招生，我也挤进了报名的队伍。但当时招生的范围是不足 31 周岁，我因已超过几个月而被拒。但到 1978 年春首次研究生招生时不仅年龄放宽到 40 岁，而且不问学历。我想只要能上大学，顾不得多考虑就报了名。

大概是"无知者无畏"的缘故，我对考试倒并不太紧张，一则我在中学长期教政治、英语，还经常给学生补历史，觉得还有些把握。二则我想反正没有上过大学，考不上也不丢脸。我顾虑的是上级领导会不会同意我离开学校，因为当时我担任那所中学的团委书记，负责全校的学生工作，上一年刚被评为市先进工作者，当选为市人大代表。我管了十年多学生工作，我的离开当然会给工作带来很大影响，连自己都觉得不那么理直气壮。但后来我得知，从我收到复试通知开始，区教育局的领导就明确表示：现在是国家不拘一格选拔人才，只要能考上，一定要支持。正是在各方面的热情鼓励和支持下，我获得了自己也意想不到的好成绩，总分获全系第一，被录取为复旦大学历史系历史地理专业的研究生，导师是著名的历史地理学家谭其骧教授。

1978年10月入学后，研究生处给我们创造了相当宽松的条件。我同时选了英语和日语两门第一外语，想不到以后在我申请提前进行博士论文答辩时起了作用。校、系领导和导师也破例给了我很多机会，在一年后就安排我担任谭先生的助手。从1980年起，我陪同谭先生出席各种重要的学术会议和工作会议，如科学院学部委员（院士）大会、国务院学科评议组会议、国务院古籍整理出版规划会议等各种全国性的重要会议，也陪同他到各地讲学和参加科研活动；帮他处理日常工作，如协助他修订《中国历史地图集》，编辑《国家历史地图集》，整理编辑他的论文集，为他撰写学术传略等。1982年，我随他去外地13次，陪同他在校外工作四个多月。尽管助手工作成为我的主业，但由于随时能得到谭先生的耳提面命，我不仅学到了具体的历史地理知识，还直接感受了他高尚的人格和严谨的学风，了解了他的学术思想和治学方法，同时得以瞻仰大多数老一辈史学家的风采，得到他们的教益和帮助。这几届研究生中有如此机会的，全国大概只有我一人。

1982年春，全国首批博士研究生招生。硕士生毕业后我已留校工作，被录取为谭先生的在职博士生，当时也是破例的，实际我继续担任他的助手。这种特殊的培养方法使我受益匪浅，且取得了较显著的成绩。1979年底我的硕士论文就已完成，

1981年发表于《中国史研究》。我在博士生期间撰写的多篇论文发表于《历史研究》、《历史地理》、《中华文史论丛》等刊物上，我与导师合写并由我执笔的论文被上海市社联评为优秀论文，我被推选为上海出席中国史学会的代表。以后我的博士论文《西汉人口地理》于1986年由人民出版社出版，是我国第一篇正式出版的文科博士论文。

1983年6月，在我入学一年后，学校又破格批准我提前毕业。当时我的博士论文已完成，我已修完了规定的课程，其中的第二外语成绩是用硕士生期间我多学的一门第一外语代替的。当时提前毕业还得经过教育部领导批准，记得在我答辩前两天，才从哈尔滨传来消息，正在那里开会的黄辛白副部长已同意。8月间，由侯仁之、史念海、杨向奎、吴泽、杨宽、胡道静、陈桥驿七位教授组成的答辩委员会通过了我的博士论文，分管研究生工作的副校长谷超豪院士一直在场。就这样我与同届同学周振鹤有幸成为全国首批文科博士，10月间复旦大学为我们举行了隆重的博士学位授予仪式。

这一切，早已超出了我当年上大学的梦想。要不是十年浩劫的结束，要不是改革开放，无论我自己做多大的努力，也是完全不可能的。不过我受益最大的一点还是不拘一格，所以才能凭高中学历报考，才能在硕士生期间担任导师的助手，参加一些重大的科研项目，才能在一年内完成博士学位的课程和论文。如果没有这些特殊的措施，我根本进不了大学的门，也不可能成为历史地理专业研究人员，不可能成为谭其骧先生最后十几年的助手。要这样，无论对私对公都是损失。

当然当时强调不拘一格有一定的特殊性。"文化大革命"使高校十多年中断正常招生，老一代专家学者受到残酷迫害，中青年教师也被严重摧残，人才青黄不接，后继乏人，迫切需要在尽可能短的时间内培养出一批接班人，才能维持高校正常的运转，才能保证大多数学科不至断绝。对我们这些"不拘一格"的受益者来说，也应该清醒地认识到自身的弱点。像我这样没有接受过大学的系统教育，主要依靠自学的人，无论在知识方面还是治学方法上都有不少缺陷。而且，不拘一格并非完全没有风险，在选择或考试过程中难免出现失误，也可能有个别人不能正确估计和对待自己，或者利用这些特殊措施营私。但总的来说，是利大于弊。

我于 1985 年被提升为副教授，1989 年招收了第一位硕士生；1991 年被提升为教授，1993 年被确定为博士生导师，招收了第一位博士生，现在已培养了十几位博士。与二十年前相比，高校内外的情况已经发生了根本性的变化，当年"不拘一格"的不少具体条件如今已不复存在。但我以为，不拘一格的原则并没有失去它的价值。在强调正规化、制度化的同时，我们还是应该根据实际情况，在研究生和人才的培养中贯彻不拘一格的精神。例如在师资梯队基本形成的情况下，一般不必用破格的方式提升职称，但如果确实有特别优秀的人才，为什么不能让他们早一些进入更重要、更高一级的岗位呢？不少学校规定新晋升的教授必须拥有博士学位，的确有利于高素质师资队伍的建设，但对确有真才实学或重大成就，却因以种种原因没有学位的人，是否完全不能破格呢？一些特殊措施的受益者往往只是极少数，甚至只是个别人，但由于实施于特殊人才或超常现象，往往会产生很大的影响，发挥更大的作用。

我认为，真正影响实行"不拘一格"的，不是实行过程中出现的难以避免的缺点，而是高校内和社会上存在的腐败现象，是有人利用"不拘一格"的原则营私，故意滥用，将本来只用之特殊人才的措施普遍化、一般化。如学位委员会制定的确定博士生导师的条件规定，申请人必须至少完整地指导过一届硕士研究生，或者在国内外参加指导博士生的工作。前者是刚性的，后者却是柔性的，我想制定者的初衷正是为了让一些从海外学成归国或破格提拔却还来不及招收和培养硕士生的青年教授及早成为博导。应该承认，并非所有的优秀青年学者都适合指导博士生。即使完全合适，未曾有过教学经验毕竟是一种缺陷。所以这一条本来只适用于少数人，是"不拘一格"的体现。可是条文本身却写得相当模糊，且不说在国外大学如何参加指导博士生的工作根本无从证实，而且国外的大学根本没有"博导"的设置，讲师、副教授都可指导博士生。对"指导博士生的工作"也没有具体解释，所以任何人都可以说自己曾与某博士生谈过话，所谈内容自然属于指导。因此在实际执行中，这一条成为对前一条的否定，以至根本不必考虑申请人是否具有这一条件。类似的现象还普遍出现在学位申请、论文答辩、职称晋升、先进评定等各方面，结果是降低了正常的标准，还给各种营私舞弊的腐败行为以可乘之机。

但是这不能成为不再实行"不拘一格"措施的理由。我这样说，不仅因为我是这一措施的受益者，更因为这种做法对促进科学、教育事业的积极作用，是一条有普遍、长远意义的原则。

第二章

故人依依

汪老远行感言

在岁末的寒风中传来了汪老远行的消息。虽然他以九十高龄告别人生，又为历史留下如此丰富的业绩，已经无愧无憾；虽然我已多年无缘面聆他的教益，得知他一直在医院静养；但去年在电视中见到他先后会见连、宋时还是神采奕奕，总以为还有求教的机会。

我第一次接近汪老是在 1983 年 10 月，我随先师季龙（谭其骧）先生参加《肇域志》整理工作。由于国务院古籍整理出版规划小组组长李一氓对此项目特别重视，曾以国务院办公厅名义通知上海市和云南省政府，又亲自向时任上海市市长的汪老打过招呼，所以当云南方面的同人来上海参加《肇域志》整理工作会议时，我们就向杨恺副市长报告，汪老决定在国际饭店会见并宴请会议人员。那天上午 11 时，谢希德校长、我们复旦大学的人员与云南图书馆馆长吴锐等云南方面人员到达不久，汪老与杨恺、市府一位副秘书长就来到会见厅。由于前一年谭先生主编的《中国历史地图集》获得上海市哲学社会科学特别奖，汪老与谭先生的谈话很自然集中在这套地图集。汪老忽然问起："怎么不请元化（王元化，时任中共上海市委宣传部长）同志参加？"我们说怕他太忙，他马上说："这件事与他有关，赶快找他来。"等王元化到后，宴会才开始。合影时，他得知我刚获得历史学博士学位，是全国文科首批，高兴地说："你们是后起之秀，这些工作今后就要靠你们来做了。"

1989年1月，中共上海市委书记江泽民主持常委学习会。我和其他6位刚从北京参加"纪念党的十一届三中全会十周年理论讨论会"回来的同志列席，由带领我们出席会议的市委宣传部长陈至立、副部长刘吉做汇报。当刘吉传达了"宣传有纪律，学术无禁区"的精神后，已经退居二线的汪老发言。他问："我曾经是市委书记、市长，但也是太平洋学会的会长，如果我在会上发表意见，是算宣传，还是算学术讨论？应该守纪律，还是无禁区？"在刘吉做了解释后，他又说："你说的是刘氏定律，我也可以有汪氏定律，问题是我们怎样理解中央的精神？如果没有一个明确的解释，没有明确的界线，恐怕很难实行。"当时就给我留下深刻印象，十多年来的实际完全证明了他的远见卓识。

我参加这次理论讨论会的论文是《统一分裂与中国历史》，以此为提纲，我又写成了《普天之下——统一分裂与中国政治》和《统一与分裂：中国历史的启示》两书。前者生不逢辰，后者先在台湾出版，大陆版则在三年后才由北京三联书店推出。再见到汪老时，他就说已经看过这本书，在做了肯定的同时，他问："为什么不写到当代？"我坦率地回答："我不敢写，写历史已经够麻烦了。但我有我的看法，可以说。"后来他问我："中国历史上究竟有没有和平统一？"我说："严格说来，还没有。"他说："北宋统一中，像吴越国那样的方式可以算吗？"我说："那是兵临城下或大兵压境时投降的体面方式，并不是双方大致平等的和平统一。"

在谈到国共第二次合作的历史时，我问他当时内战是否不可避免，内战是否确由蒋介石挑起。他告诉我：中共方面是有和平诚意的，并且已经在做具体准备。"你们年轻人或许不相信，我们是过来人，当时在延安和解放区已经安排一部分人学英语，准备参加联合国中国代表团的工作，还准备派人参加联合政府机构。如果只想打内战，我们党内部还做这些准备工作干吗？"

汪老说还希望看到我的其他书，我早已听一些出版社的资深编辑谈过他爱书的轶事，就问怎样送到他那里。他马上拿过一支铅笔，在一张小纸上写上"宛平路某弄某号汪道涵"，交给我说："寄给我就可以了。"以后我如约给他寄过几本小册子。等我主编的《中国移民史》6卷出版后，考虑到部头大，邮寄不便，就请东亚研究所所长章念驰先生带给他。事后我得知书送达那天，正是汪老85岁寿辰，拙著有幸成为一份薄礼，实在不胜荣幸。

汪老不仅愿意了解历史，还一直鼓励我们说真话。那年他正做去台湾再续"汪辜会谈"的准备，他说："你们要讲各种意见，可以代表台湾方面说话，包括那些主张台独的人究竟有什么说法，对我们的政策有什么意见。你们自己的想法更要谈出来，千万不要有顾虑。""我不知道台湾各界的真实意见，到时候怎么与他们谈？""当然我只能在中央授权的范围内谈，只能'舌战群儒'，但总要有的放矢，有针对性才行。"要不是李登辉掀起的逆流使这次会谈流产，相信汪老的宝岛之行一定会对和平统一大业做出历史性贡献。

以汪老丰富的阅历、广泛的交游，像我这样有缘承教的人何止万千？在他海量的阅读中，拙著能占几万分之一？但在我60年的人生中，他属为数不多的给我留下深刻印象的人，于是我不禁写下这些文字，送他远行。

真正的学者

　　3月初在武汉大学做学术讲座时，得知石泉先生病情加重。当时我的日程很紧，在武大只停留半天，也怕干扰他正常的治疗和休息，只能遥祝他安渡难关。岂料到"五一"长假期间就听到石泉先生离去的消息，深以未能见到他最后一面为憾。

　　石先生对我虽无师承关系，但我一直视为老师。这不仅是因为他长我二十多岁，是历史地理学界的老前辈，更是因为在我的心目中，他是一位真正的学者。

　　石先生以治荆楚地理知名，但曲高和寡，赞成他的具体结论的人不多。由于石先生的论证结果，是从根本上改变了原定的并为绝大多数人所接受的地名体系，所以旁人无法在两者间调和或兼顾，只能做非此即彼的选择。1989年8月，石先生将他的论文集《古代荆楚地理新探》赐我，我认真地读了他长达56页的《自序》，他数十年来孜孜不倦的探索过程和严谨的治学方法使我深受感动。但在读了几篇论文后，对他的立论仍未理解。后来见到石先生时，他问我对他的书有何看法。面对这样一位真诚的长者，我不敢隐瞒自己的观点，只能回答说，我还没有看懂。他淡然一笑："我知道，连我的学生也不同意我的观点。"石先生继续坚持他的探索，这也没有影响他对我的厚爱。几年前，我到武汉大学做讲座，将开始时石先生出现在座位上。

这给了我意外的惊喜，也使我深感不安，因为我知道他一般已不参加这类活动，而且我讲的内容完全不值得他亲自来听。

先生给我的印象一直是平和淡泊，与世无争。但他对学术的不正之风却深恶痛绝。1982年春，以某人自吹自擂为依据的一篇报道在国内主要媒体上发表，8月初他来上海开会时，就要我转告先师谭其骧先生，建议对此人的行为应予揭露批评。他告诉我，报道中提到的那次楚史讨论会他正好在场，到会的美国学者并没有对此人做什么赞扬。此后的一次会议期间，他对某位学者近年的学风也做了尖锐的批评，他说："某某是应该给你们年轻人做出样子的，怎么能这样不负责任？他现在写的东西太随意，重复也太多。"

先生长期担任民进湖北省负责人和湖北省政协副主席，完全可以享受副省级待遇，但他在参加学术活动时，始终只愿接受普通学者的身份。有一次他到上海来开会，由于旅客多，站台上太挤，他在学生们的帮助下才从窗口登车。在学术会议期间，他从不接受高于其他教授的照顾，也不愿在主席台就座，对先师和侯仁之、史念海等先生十分尊重，遇同辈人也总是谦让在后。听中国社科院近代史研究所的张遵骝先生闲谈，才知道石先生是他表弟，原名刘实，1949年前曾为革命做过贡献。但从未听石先生谈及，连他的学生也不知道。

古人所谓"立功，立言，立德"，石先生可以当之无愧。武汉大学在人文社会科学学科首批评选资深教授，石先生名列其中，实至名归。无论石先生的学术观点和研究结论今后是否能为学术界所接受，他对历史地理学的贡献和对荆楚历史地理的开创之功永不可没。作为一位真正的学者，他铭记在我们后学的心中。

100岁老人，20岁青年：语言学家周有光先生

　　语言学家周有光先生是先师谭其骧先生的好友。二十多年前我作为先师的助手，经常陪同他外出。1981年5月随他去北京沙滩周先生家，首次瞻仰周先生与夫人张允和的风采。后来周先生家迁至朝内，我也随先师去过几次。记得周先生年过八旬后曾说过："过了八十岁生日，我就宣布八十岁的周有光已经死了，现在是新生的周有光。别人躺在床上在盘算还能活几天，我想到又多活了这么多天。"现在周先生已过了百岁生日，也成了新生的"20岁青年"。可不，他每天在电脑上写作，不时有新著问世，从照片上看依然是那样神清气爽。中国已故和在世的百岁文化名人自然不止他一人，但到百岁时还能像他这样年轻，实在是奇迹。

　　周先生的长寿固然与他有优良的遗传基因有关，他曾告诉我，他的母亲活了九十多岁。但周先生能成为人瑞，显然得益于他参透了人生的奥秘，早已能用一种恬静、超脱的态度面对人生。先师最后一次发病后，不能说话和饮食，长期卧床不起。他得知后，要我告诉先师："这是自然规律，要平静地接受。"

　　每次谒见周先生，都如沐春风，不时能听到他的连珠妙语，尽管只是他漫长丰富的人生中一个字母，一个标点。

　　兹记二例：

上世纪 50 年代，周先生出席全国政协。一次小组会发言，他谈到应在公共场所多设厕所，并举例说："美国的百货店进门就有厕所，顾客使用非常方便。"没想到其他委员大哗："那百货店里不臭死了吗？"

"文革"期间周先生被送往陕北的"五七干校"，当时经常在露天开大会。周先生年过六旬，头发稀少，怕太阳暴晒头上，习惯戴顶草帽。某日傍晚集会传达文件，会议正进行中，忽然黑压压一片候鸟飞过。不知什么原因，鸟儿突然集体排泄，一时间鸟屎如倾盆大雨而下，除了他在草帽庇护下安然无恙，其他人头顶无一幸免。

与"鸭"同"巢"

　　第一次看到唐师曾的名字是在报上读到报道，说他出版了记载海湾战争经历的书。这当然十分感人，也很有吸引力，只是我忙于自己的专业，并没有专门去找这本书，对他的名字也没有留下太多的印象。想不到几个月后，当我在北京打电话预约到张中行先生家去时，他兴奋地说："你来得正好，明天上午唐老鸭也来。""唐老鸭？"听我一时没有反应，张老说："你不认识唐老鸭吗？就是那个写海湾战争的新华社记者唐师曾，很有意思的人。"

　　第二天我到张老家时，唐师曾还没有来，张老却先已将唐的趣事娓娓道来，告诉我他专门写了一幅字给唐，让他善待太太。还说唐前一阵病得很厉害，最近才出院。正说着，唐师曾和他太太来了。他果然高大伟岸，像个战地记者，至少不比美国大兵或伊拉克革命卫队队员矮小，可是非但不如我想象的那么年轻英俊，却显得未老先衰，头发稀疏，脸部还有些虚肿。不过记者本色还是一点不减，不但我们谈话间他对着张老拍个不停，连在去餐厅的路上，他也奔前跑后地拍着。要不是华严里这一带的人大多认识张老，他这架势准会招来一群人围观。

　　要是没有以后的经历，唐师曾至多只会留在我的通讯录和日记中，就像很多有一面之交的朋友一样，因为我们毕竟有完全不同的职业，从事完全不同的专业。可是，一个意想不到的机会又使我们聚在一起——他与我都被鹭江出版社选为"人文学者南极行"的成员，一起赴南极长城站。

2000年11月间，我独自从上海飞往大雪中的哈尔滨机场，与从北京来的队友会合，转车去亚布里滑雪场，参加国家海洋局极地考察办公室为我们安排的适应性训练。当我们在风雪迷漫中到达基地时，我与唐老鸭被分配住同一个房间。我们这群人中有一对夫妇、两位来自北京的同行、一位教练和一位摄影师，还有一位因事迟到的女性，这样的安排显然是最合理的。这就使我开始了两个多月的与"鸭"同"巢"（更准确地说是同居，但怕引起各种新人类的误解）。

住下后唐老鸭就告诉我他正在赶一本书，必须在下月初出发前交稿。我有类似的经验，手头要赶的事也不少，并没有太在意。当吃完晚饭回到房间，我们才发现居然毫无暖气，一问其他房间，也都是如此。窗外的气温已降至摄氏零下20多度，室内也高不了多少，只能及早躺下，盖上所有能盖的东西御寒。这只鸭子却没有躺下，而是不停地敲着键盘，赶他的书稿。以后我知道他睡觉的时间比我长得多，可是在亚布里的几天却比我还少。

我们约定第二天6点钟起床，我将闹钟的时间锁定，唐老鸭却说不必，他说只要确定时间，他都会在10分钟前醒来，绝不会误事。我将信将疑，但第二天当闹钟铃响时，他果然已经起来。以后同"巢"时，我还是用我的闹钟，他还是靠他的生物钟。为了不影响他睡觉，我至多立即将闹钟关掉。我的闹钟和他的生物钟都没有误过事，不过更主要的是，他与我都不愿迟到，在这几天的训练中如此，在以后的南极之行中也是如此，这是我们的一个共同行为准则，无疑使我们更加接近。

与老鸭一直活动，发现他喜欢挑战成规，挑战权威，一些我以为天经地义的事，他会提出不同意见；我认为不值得争的事，他会争取并且能够成功。但他认为应该做愿意做的事，他会做得很卖力。在这次训练中，只要教练发出命令，他就会回答"是，长官"，然后一本正经地做，这模样常常会使我想起好兵帅克或那位听话而又有些笨拙的士兵。例如，当教练让我们练习从冰山下滑制止动作时，我们先在坡沿仰面躺下，将两腿提起贴近胸前，人就沿坡面快速下滑，此时急速翻身，趁势将冰镐插入坡面，两手紧握镐柄，身体就能停止下滑。然后从头开始，继续往下滑，一个二三十米的坡面可练两三个回合。或许是身体太重，或许是转向不灵，唐老鸭却很少能止得住，往往如飞流直下，一下滑就溜到底。老鸭自己摔得不轻，也苦了我们的摄影，刚对上镜头就不见了，赶快往下找，只见底下乱草堆中一个光脑袋。老鸭却一遍遍地练，直到教练叫停。连陪同我们的训练场职工都说："可真苦了那个大个子。"自然也有回报，当我们在练挖雪洞时，一批女职工忽然发现，这大个子原来就是她们闻名已久的唐老鸭——黑龙江的报纸连载过他的书，一时间围着他问这问那，好不亲热。

　　第一天，在参加训练的五人中我进入四强，胜唐老鸭一筹，因为不管他怎样努力，形势比人强，他硬是止不住。到了第二天训练滑雪时，虽然他也摔了不少，却能滑得比我远，以至使我在六人中稳居前六名了。但到下午宿营训练时，唐老鸭说身上发冷，原来他背后的衣服里已经结成了一块厚厚的冰，不知他流了多少汗？这第五名得来真不容易。

　　有了这一段的经历，自12月7日从北京出发开始，一路都由我与他同宿一室。原来答应我们到长城站后每人住一间房间，但因为还要接待合作研究的外国人，房间不够了。考察队领导决定，周国平和我住单间，其他人两人一间。周年长我几个月，照顾他理所当然。但考察队中还有一位研究员也比我大几个月，却与别人合住，所以我觉得不妥。正好唐老鸭不愿与抽烟的人合住，希望我留下，于是我们就在这个不到20平方米的巢中度过了59天。

论年龄，我俩相差15岁。论经历，他大学毕业后除了短期执教外，就是当摄影记者，而我这辈子没有离开过学校。论专业，他涉及的是新闻、摄影、军事、国际政治，以当代和未来为主；而我研究的是历史地理、专门史、古代史，以过去为主，对他的专业也不乏兴趣。唐老鸭自称"行者"，喜欢活动，不断想新点子，坐不住，待不久；我虽然也喜欢旅游和考察，但毕竟是以研究与教学为主业。在南极，我一般晚睡早起。而他睡得比我早，起得比我晚。他空闲时会连续不断用笔记本电脑看VCD，而我除了偶尔在餐厅与大家一起看一点外，回房间后只是写作。为了不影响我，他一般都用耳机，或者到其他地方去看。我们的价值观念和办事方式常常不同，例如他认为没有必要在长城站待那么长的时间，希望找一个提前离开的机会，我却认为既然事先定了，就不能轻易改变。我的原则是，凡事只能在可能的条件下争取，否则只能顺从，还得顾及别人的利益和面子；他却截然不同，并且常常批评我逆来顺受，放弃个人应得的权益。我们之间不时会有争论，他的话有时相当尖刻，甚至让人下不了台。但我们不仅相安无事，而且相当融洽，主要得益于大家懂得相互尊重，既心口如一，也求同存异。

他经常对人说，从我这里学到了很多东西，其实学习是相互的。表面上看唐老鸭在南极常常睡觉，看录像，说笑话，甚至来个黄段子，实际上他连看录像时都会将有意义的对话记下来，更不用说与我谈话。只要他觉得有价值，就会马上记下来，他的IBM笔记本照例是一直开着的。有时我缺少哪一方面的资料，他也会从电脑上找出来。谈到军事、武器、海湾战争、阿拉伯一类内容时，他更是眉飞色舞，如数家珍。他事前在网上收集了大量有关南极的资料，而我们却以为在长城站可以上网，毫无准备，谁知直到我们离开，还只能偶尔收发邮件，幸而他做了用心人。在去其他站采访，或遇到什么他认为有意思的事情时，他往往是唯一做记录的人，尽管他是摄影记者。他的英语不能算很精，但感觉相当好，所以交谈接触后就能切入主题，发现问题。他还有一种异常灵敏的功能，似乎不止嗅觉和听觉。某天早上，他告诉我昨天夜里一直有一种异常的声音，我笑他在说梦话，因为我比他睡得晚，什么也没有听见。他却一本正经地在搜索，突然又说："我还闻到一股特别的味道，可能周围有什么动物？"说着，他打开窗户，我也一起去看，果然在海滩边的摩托艇后露着海豹的一截身体，原来躺着一头长2米多的人海豹。今年春节下午，我们正在室内说话，他突然指着海面说："快看！这是什么？"我用望远镜一看，是一条鲸喷出的水柱。提到这些，大概我是少见多怪，要不，唐老鸭怎么会成为名记者呢？

　　长城站只有海事卫星电话，收费特贵，并且未必能接通，所以我们不时要去附近的智利考察站，用那里的投币电话，以每分钟一美元的代价往家里打电话。农历除夕那天一早（中国的晚上），站里还专门开车送大家去智利站打电话。只有唐老鸭无动于衷，从来没有给家里打过一次电话，偶尔通讯室来找他去接太太的电话，他一边出门，一边还在骂："打什么电话！"

其实他并非不牵挂妻子，何况这位"高龄孕妇"的情况关系到他"当名记者，娶好姑娘，生小超人"的一揽子计划能否最后实现，之所以做得如此绝情，只是职业道德养成的近乎严酷的习惯和现实态度。他对我说："又不能马上回去，知道了又怎么样？"他还告诉我，他在当驻外记者时，几乎每天都要发大量传真照片，有时电讯费用惊人，但他从来不给家里打一个电话，甚至不接家里的电话。有时他在北京的助手让他母亲等在电话机旁，他也听到了母亲哭着呼唤他的声音，但就是不接不回。听着这些，我觉得"战地记者"这几个字真是冷冰冰的，绝不像老鸭的书出版后那么热闹。

与他同巢期间，我看了他电脑上已经发表和没有发表的文章，包括他新出版的《重返巴格达》，还了解了他没有写出来、但愿意讲给我听的细节。在艳羡他的独特经历时，也不得不佩服他的机警灵活，所以在凶险的环境中得以安然无恙。归途中一件小事更证实了他这种本领：我们三人在布宜诺斯艾利斯机场换机时有半天时间，本想乘机场巴士进城，遇到一位非常热情的出租车司机，愿意用不高的价格送我们进城随意观光，我们从来没有到过阿根廷，对这里的风土人情一点不了解，出发时不知道转机还能出机场，事先毫无准备，加上实际能用的时间不足三小时，对这位陌生的"阿米哥"（西班牙语朋友）不能不有所防范。我坐在司机边上，一面与他闲聊，一面示意老鸭记下他挂在前窗的驾驶执照上的姓名和号码。谁知鸭子狡黠地向我一笑，原来他早用数码相机将执照拍了下来。结果虽然无惊无险，皆大欢喜，司机十分尽心尽力，我们也给他付了充足的小费，但这使我更明白了这只鸭子在战火纷飞、险象环生的异国他乡能够来去自如的原因。

在南极长城站，如果你没有自己的工作，一定会感到非常无聊，特别是遇到连续暴风雪的日子，连门都出不了，更不用说外出做什么事了。紧张的工作固然可以使人充实，但情绪的愉快还离不开所处的环境，这时"巢"的作用就十分重要。所以每当我想起那个"巢"的时候，就想起了同"巢"的唐老鸭。在同"巢"的生活中，他不是什么名记者，而是一位可爱而又淘气的兄弟。

第
三
章

人文游踪

江河源头，青藏文化

随着青藏铁路的通车，它的起点青海省又一次引起世人瞩目。不久前与友人谈到青海省的历史文化定位，知道大家有不同的看法。我想这是很自然的，因为历史上的青海不仅有其独特的自然地理和人文地理环境，而且还披上过层层神秘的面纱，有的到今天还没有揭开，所以很难加以概括。不过我以为，就历史自然地理而言，青海对中国和世界最大的奉献，无疑孕育了长江和黄河，并且延续至今。而就历史人文地理而言，最能涵盖其特点的名称就是青藏文化。

当然，青海省有青海湖，并且得名于它。青海，古称鲜水海、西海，由于远离中原，常常处于华夏诸族的边缘。高海拔的地势使来自平原地带的人联想到神仙所住的天堂，与海水相似的特点又使人以为到了环绕"天下"的"四海"的西缘。昆仑山和西王母曾经吸引过多少人向往，据说周穆王曾以万乘之尊，不远千里与西王母相会。王莽为了弥补没有"西海郡"的缺憾，不惜让羌人"自愿"献地，在人烟稀少的青海湖畔设立西海郡。为生存和发展，因误解或歧视，刀光血影，烽火狼烟，一次次令湖水变色，留下了"君不见，青海头，古来白骨无人收"的记录。

湟水也为这一区域做出过奉献，养育了各族民众——无论是农业还是牧业，无论是羌族还是华夏。以彩陶闻名的新石器时代遗址离不开湟水的滋养，中原王朝最早的政区就因湟水而建，华夏移民靠湟水生存，湟水流域和河湟谷地今天还是粮仓、菜园、财富的源泉和民众的乐土。

但是对中国，对世界而言，又有什么比长江和黄河更重要？而这两条中国最长、世界前列的大河都发源于青海省。世界最长、最大、流域最广的河流中，有的不止一个源头，来自不同的国家；有的流经多个国家，或者源头与出海口（终点）不在一个国家。能够将一条大河从头至尾容纳在一个国家已属罕见，何况有两条？而它们都发源于青海省境内！

这两条大河对中国历史和文化的重要性不言而喻，无论如何高度评价也不为过。尽管中国各族人民、全国各地都对中华民族、中国文化和中国的形成和发展做出贡献，尽管中国的早期文明如满天星斗遍布全国，但最终是在黄河流域形成华夏文明，并传播扩散到全国大多数地方，成为中国和中国文化的主体，影响到东亚各国。尽管人们曾长期囿于儒家对黄河"伏源重流"的误解，一度以为黄河的源头在积石山，或者以为远在今新疆，但对黄河正源的探索一直没有停止，终于在清朝乾隆年间将黄河源确定在今青海省境内的卡日曲。长江和长江流域继黄河和黄河流域之后，支撑着中国和中华民族，至今滋养着世界上最多的人口。早在2000年前，汉朝人就知道长江来自遥远的绳水（今金沙江），以后逐渐查清了江源所在。

由于地势高寒，环境闭塞，交通困难，不仅江河源头地区长期杳无人烟，就是青海省境内也是人口稀少，经济和文化落后于全国大多数地区。但江河源头的重要性和影响力并不会因此而减弱，相反，历史和自然给中国和全人类留下了这片圣地净土，必将成为人类未来的乐园，这样巨大的优势是其他地方所不能具备的。

历史上在青海省境内产生和存在过的文化类型也是多样的，其历史也可称悠久。在华夏文化传入之前，羌人与本地其他民族就创造过自己的文化，并且影响到周边其他民族。在华夏（汉）文化到达湟水流域后，不仅原有的非华夏（汉）文化依然存在，新的民族和新的文化继续在迁入和流动，鲜卑、吐谷浑、突厥、吐蕃（藏）、回鹘、党项、女真、蒙古、回等民族的文化都曾在这里存在和发展，但大多没有成为延续的、主体性的因素。另一方面，尽管从清朝中期以来，青海已处于中央政府完全的管辖之下，但民族自治依然是各民族聚居区内的主要治理方式，汉族文化和儒家学说也没有因此而享有独尊地位。

作为世界屋脊，青藏高原独特的地理特征造就和保持了青海独特的文化——尽管它们属于不同的民族，有不同的形式，却具有共同的特点。例如，来自低海拔地区的人很难克服因缺氧而产生的高山反应，所以外来人口不易迁入，更难定居。即使是源远流长的汉族移民，也往往不绝如线，却没有明显的扩展。另一方面，习惯于高海拔地区的居民也不适应低海拔地区，"醉氧"（氧气吸收过多）同样是他们难以克服的障碍。所以，来源于西藏的吐蕃人可以轻易地扩张到青海、新疆、河西走廊和陇右，却不能顺利地居留在关中平原，唐朝后期一度占领长安却迅速撤离，而对青藏高原和周边高地的控制却能长期延续。吐蕃扩张到河西走廊和陇右后，曾将成千上万的汉人迁回西藏，但这些移民的后裔已影踪全无。而随着吐蕃征服者迁入青藏高原边缘的吐蕃人却就此定居，并繁衍至今。

这样的地理环境为牧业民族提供了广阔的牧地，却限制了农业民族的活动范围，也使青海成为西藏与内外蒙古之间广阔的过渡地带，成为藏传佛教外传的走廊。来自蒙古高原的游牧者赶着他们的牛羊逐级登上青藏高原，蒙古大汗成为西藏的实际统治者。黄教的喇嘛和活佛从雅鲁藏布江畔北上，不仅使在青海游牧的蒙古人皈依黄教，还使整个蒙古族成为黄教信徒；不仅使蒙古人有了自己的活佛，还在蒙古迎回了达赖喇嘛的转世灵童。

当然，在藏传佛教形成和传播之前，青藏高原已经存在其他宗教和文化，在此后也是如此。信仰伊斯兰教的回族、撒拉族、哈萨克族等先后迁入，并适应了青藏高原的地理环境。因此，只有青藏文化最能概括出今青海省境内历史文化的共同特征，因为青藏高原的地理环境在中国和世界都是独一无二的，任何类型的文化，无论是本地产生的，还是外来的，都必须适应这样的环境，它们能够延续至今就证明了这一点。

重走青藏路

上一次走青藏路是在 1987 年 6 月，已经 19 年了。那次我从西宁乘火车到格尔木——当时铁路的终点，然后再乘汽车到拉萨。

当时隔天才有一列客车，记得那天是在早上离开西宁的，车速很慢，到格尔木时已是次日清晨，差不多一天一夜。过关角隧道时我一直盯着窗外，毕竟这是当时世界上最高的隧道，平均海拔达 3700 米。火车似乎也产生了高山反应，速度与步行差不多，足足用了 20 分钟才驶出 4010 米长的隧道。这次我们特意从公路拐到隧道口，采访了守卫隧道的武警和维护隧道的铁路员工。我得知，在 2000 年，国家投资 4000 万改造关角隧道，基本解决了地下水大量涌出的难题，使列车通过的速度从每小时 15 公里提高到 70 公里，现在不到 5 分钟就能通过隧道。不过，随着青藏铁路的全面建成，关角隧道的世界冠军也将让位于海拔 4905 米的风火山隧道。

就在我上一次进藏前，新华社发布了青藏公路整修完成的消息。但我们乘的车刚过昆仑山口，新修的沥青路面上已经出现了大片破损，有的已整片被毁，汽车只能行驶在土筑的临时便道上。原来不久前的一场洪水冲坏了路面，淘空了路基，刚完成的工程毁于一旦。前面的路况更糟，当天夜里，汽车经常像是航行在海上的一叶扁舟，上下左右颠簸不已，钻进车厢里的尘土呛得人呼吸困难，车灯照射下的前方就像弥漫的大雾。驶过五道梁后，车上一半以上的乘客都已出现高山反应。

这次当我们乘坐的丰田越野车从精心维护的公路驶上昆仑山口，驶过玉珠峰、不冻泉、五道梁，到达沱沱河时，我发现沿途景物依旧，但服务设施已经大为改善。当初的五道梁只有两家小饭店，如今已是一条街；驶近沱沱河时，远望是成片的建筑，到后是一座繁忙的小镇，由于来往的客人太多，旅馆的大通铺房间也住得满满的。更值得称道的是，沿途电讯畅通，使用手机的同伴联络不断；商店能买到途中必需用品，餐馆里都能吃到新鲜蔬菜。要不是或多或少的高山反应，真会使人忘记这是在海拔4700米的高原。

但就在这天路上，我们竟目睹14辆车发生碰撞或倾翻，最严重的一起是三车相撞，将上下行的两条车道全部堵塞，近一小时通不了车，急救车一时无法驶到。在沱沱河旁的唐古拉镇住定后，散步回来的金巴师傅说，又有一辆坐着三十多人的客车翻在路边，幸而没有人丧生。那天气候不算太坏，上午下了一场小雪，路上基本没有积雪，也没有结冰，但还是出了那么多事，显然是在提醒我们：毕竟是在"天路"，从昆仑山口开始，大多数路段都在4000米以上，最高的风火山口海拔5010米。即使是老驾驶员，稍一不慎还难免不出车祸。要是遇到大雪封山、能见度差、路面翻浆、水害断路，或者驾车人受高山反应影响反应迟钝，心情烦躁，操作失误，后果更难设想。而且随着交通量的增加，这条两车道的公路已不胜重负。从格尔木驶出不久，我们就遇到了由数十辆军车组成的车队，以后又遇到多次，加上形形色色由游人自驾的车辆，不但超车不易，有些路段已相当拥挤。即使从改善交通出发，青藏线也得扩建了，但仅仅依靠公路是无法从根本上解决问题的。

青藏铁路通车前，连同青藏公路在内，已经有4条公路通向西藏——青藏、川藏、滇藏、新藏。川藏和滇藏公路穿行于横断山、伯舒拉岭、他念他翁山、芒康山、沙鲁里山、雀儿山、工卡拉山、折多山、大雪山、夹金山和怒江、澜沧江、金沙江、雅砻江、大渡河之间，雪山峻岭、深切峡谷和飞湍急流构成了世界上罕见的平行岭谷地貌，加上冰川、泥石流、地震、暴雨、洪水等复杂因素，在现有技术条件下，还无法保证畅通无阻，增加运量的潜能也有限。那年我本来想从拉萨经川藏线返回，但得到的消息是由于大雨引起滑坡，班车已经停驶。乘飞机回到成都后，我又乘汽车溯川藏线而上，但在翻过二郎山，渡过大渡河，来到康定的跑马山时，前面的公路又给泥石流阻断了。新藏公路则不仅要通过高寒的喀喇昆仑山、冈底斯山、喜马拉雅山区和大片的无人区，而且差不多有半年不能通行。我曾经从拉萨经过几天跋涉到达阿里的狮泉河，领略过这条路东段的艰险。比较起来，青藏路是最平坦的，因为起点格尔木的海拔已有2800米，与终点拉萨的3658米相差不多，沿途虽有两处5000米以上的山口，但由于是逐渐上升的，并没有险峻的大起大落。虽然途经长江上游和多条支流，实际只是涓涓细流，水不没胫，与川藏、滇藏间汹涌咆哮的江河不可同日而语。但青藏路也有自己的世界级难题，由于强烈的年温差和日温差，地表中水分的冻结与融化交替发生，岩土的冻胀、融沉和冻裂产生巨大的破坏作用，使再坚实的路基也无法持久。在西伯利亚和阿拉斯加的永久冻土层上筑路可以不必考虑融化带来的麻烦，在世界上大多数非冻土地带又没有冻害之虞，而在青藏高原必须同时解决这两方面的困难。这就是为什么进藏的铁路只能选择青藏线的原因，也是青藏铁路必须彻底解决的世界级难题。

或许是因为有了充足的思想准备，或许是因为年过 60 后新陈代谢已经变得缓慢，或许是因为一站站地走了 7 天而逐渐适应——我们经过了西宁（2200 米）、鸟岛（3500 米）、格尔木（2800 米）、风火山口（5010 米）、沱沱河（4700 米）、唐古拉山口（5221 米）、那曲（4500 米）、纳木错山口（5180 米）、念青唐古拉山口（4880 米），所以到达 4300 米的羊八井时已经没有什么异常感觉。在温水泳池游泳时，我定下一个谨慎的目标——160 米，平时的十分之一，实际却游了 200 米。过了羊八井，公路的高度下降到 3800 米以下，就像从冬天回到了春天，由高原来到河谷，到拉萨后简直像到了家。

神山和圣湖

　　作为世界屋脊，青藏高原集中了一批世界级的高峰。在青藏高原上，大概很难找到看不见山的地方。山一直是藏人生活中不可或缺的一部分，对山的崇拜早就成为藏族的一种传统。在青藏公路经过的每一个山口，都可以看到藏民和过往行人竖起的风马旗，挂上的经幡，堆起的玛尼石。记得1996年去阿里时，每经过一个山口，藏族司机都要脱帽，我们与他一起高呼"ji ji so so ha so luo"，向"赞神"致敬，祈求旅途平安。据说赞神是一位驻在山口、要道和桥梁的神。

　　这次我们同行的金巴师父是青海的藏人，没有这种习俗。尽管我们没有藏民那样的崇拜和信仰，但每次经过海拔5000米上下的山口，仰望一座座6000米以上的高峰时，不由得不产生敬畏之情。

　　站在海拔4100米的玉珠峰站站台上，背后就是海拔6718米的昆仑山主峰——玉珠峰。洁白的峰顶和雪冠下的冰川在阳光下熠熠生辉，吹来的风却冷得令人打颤。第二天上午我们再次来到站台时，下着菲菲雨雪，玉珠峰已完全隐没在一片迷茫之中。经过5231米的唐古拉山口时，颇有一种"一览众山小"的感觉，因为积雪已将周围五六千米高的山峰连成一片，似乎都在手足之间。当我们来到沱沱河边，遥望唐古拉山的主峰——

6621米高的格拉丹东时，但见漫流的江水来自苍茫的雪山间，眼前不过是潺潺细流，却是浩浩长江的正源。念青唐古拉山口不足5000米，念青唐古拉峰却高达7111米，是青藏路旁的最高峰。那天阳光灿烂，蓝天如洗，高耸的雪峰一览无遗。下午我们从当雄县城出发，翻过一座5100米的山口，来到念青唐古拉峰的另一面。由于距离较远，主峰已经没有鹤立的气势，但一片峥嵘的雪山映在碧透的湖面上，更显得气象万千。

藏人自古以来就将高山视为神，不少高峰的名称在藏文中都有神圣、高贵、洁净、优美的含义。这些高山的影响所及，已进入佛教经典。例如佛经《俱舍论》中提到，从印度往北走，过九座山，有座"大雪山"。相传佛祖释迦牟尼尚在人间时，守护十方之神，诸菩萨、天神、人、阿修罗等曾云集大雪山周围。时值马年，因此马年成为"大雪山"的本命年。这座"大雪山"就是冈底斯山的主峰冈仁波齐峰，在藏语中就是"雪山之宝"的意思。

古代印度人大概已经知道印度河的源头在西藏的雪山，但当时藏人或许还不了解，这些雪山也是中华民族的生命之源。青藏高原的冰川覆盖面积达47000平方公里，占全国冰川总面积的80％。其中念青唐古拉山脉的冰川面积就有7536平方公里。正是这些冰川，孕育了长江、黄河和澜沧江三大水系，形成中国最大的河流和流域，也惠及南亚大陆和印度支那半岛。

在高山冰川下散落着珍珠般的内陆湖，整个青藏高原上的湖泊面积达32000平方公里，其中的纳木错是世界上海拔最高的湖泊，湖面海拔高度4718米，面积达1920平方公里。我见过青藏高原上好几个大湖，包括著名的圣湖，到过国内各个大湖，体验过五大湖的浩淼和贝加尔湖的深邃，但当我站在纳木错湖边时，还是抑制不住内心的震撼，以至找不出最恰当的形容词来。纳木错只能意会，无法言传，拍摄得最好的照片或录像也难以传递她的神韵。

我曾经描述过西藏的羊卓雍错（神湖）、玛旁雍错（圣湖）、拉昂错（鬼湖）和其他知名的或不知名的湖泊：远处是深蓝的，近处是浅蓝的；这一边是湖绿的，那一边是墨绿的；阳光照耀着的是闪亮的，云团遮蔽着的是灰暗的；倒映着雪峰的是水晶般的，反射着童山的是黄土样的；在云、光、风和人的互动中，映在眼中的色块和图案变幻无穷，神秘莫测。有时湖面笼罩着浓密的云层，天水相接，分不清何处是水，何处为云。偶尔一抹阳光透过云层，就如长鲸饮水，光随云移，龙与波游。蓦然间云合光逝，湖上又是一片迷雾。以往绝大多数藏人是没有机会看到大海的，湖就是他们的海。这使我多少理解了，为什么湖泊在藏人心目中拥有如此圣洁神秘的地位。为达赖、班禅寻访转世灵童的必需步骤，就包括到羊卓雍错看湖水中的倒影。据说，高僧可以看到灵童转世的场所，牢记后就可以据此寻访确定。

山和湖在藏民心目中都拥有崇高的地位，转山和转湖是他们祈求神灵赐予福祉的方式，向来有"羊年转湖，马年转山"的习俗。著名的神山圣湖不仅羊年、马年或它们的"本命年"会吸引大批信众，就是在平时，也会有经过长途跋涉前往转山或转湖。尽管他们只是出于善良的祈愿，客观上却起到了精心保护山水环境的作用。

但在我们的旅途中也遇到了一些令人担忧的事：在圣洁的纳木错，有游客跳进湖里游泳，还有游客让藏民牵着牦牛步入湖水照相。湖边的溶洞曾经是高僧修行的场所，竟有游客在大小便。汽车刚爬上海拔 4800 米的岗巴拉山口，游人还来不及俯视羊卓雍错，成群的商贩就围了过来，一些人牵着藏獒——这种世界稀有的品种已经成为供人抱着拍照的道具。尽管这是少数人的个别现象，但亵渎了神山和圣湖，应该防微杜渐，坚决制止。随着青藏铁路的通车，每年将新增加数十上百万游客，切实保护青藏高原的环境，大力保护藏族历史文化，是西藏自治区和各族人民的当务之急，也是进入西藏的中外游客应尽的义务。

愿神山和圣湖永葆纯洁，长留人间。

赞美拉萨，祝福西藏

5月7日下午，驶离羊八井不久，公路的高度就开始下降。车上装的和我腕上戴的气压式高度计测量的上限是4000米，前几天已经失效，这时都重新显出数字——我们又回到了海拔4000米以下。

树木渐渐增加，在拉萨河边连成一片。空气变得清新，带来了春天的气息。公路旁的农田中见到了正在犁地的农民，最引人注目的，是并排引犁的两头耕牛，身上都披红挂彩，头上竖起的花球足有一人高。我们刚在为未能拍上照而惋惜，前面路旁出现了更多成对的"彩牛"。我们索性停下车来，步入春天的田野。这是由三家农户组成的"互助组"，动用了八头牛，九个人在掌犁和整地，五个人在撒播青稞。地里还停着一台手扶拖拉机，原来昨天已经先用拖拉机翻过地，今天再用牛犁后才能播种，明天还要引水灌溉。

农田的尽头就是一排新树起的铁栅，后面是即将通车的铁路。大概是为了人畜的安全，不少路段都是封闭的，为人畜另辟专用通道。在沿途的车站和公共场所，还看到过不少形象生动的宣传画，用汉藏两种文字说明注意事项，如不能随便穿越铁路，不要从列车底下钻过，禁止拆毁铁路及其附属设施，都配着卡通或实物照片。要知道，沿途藏民祖祖辈辈从未见过火车，在内地的常识在这里得从头开始普及。

路对面的山下是他们的村庄，无论新旧，一幢幢住房一律藏式，藏红、土黄的基色在蓝天白云的映照下分外鲜艳。每座院墙上竖着风马旗，飘着经幡，外墙上贴着待晒干的牛粪饼——这是农民们的主要燃料。但在院子里可以见到正在烧水的太阳灶，在这片离太阳最近的高原上，阳光已成为新的能源。

这是我的第三次拉萨之行，离上一次已有十年，但在进入城区时就像到了一个陌生的地方。自治区成立四十周年大庆和青藏铁路的建设，使拉萨变得更年轻更美丽。记得19年前从城里到罗布林卡时，公共车要穿过大片荒野，现在已经连成一片。宽阔平坦的道路、连排成片的新建筑、各式各样的商店、如流的车辆和如云的游人，使拉萨博得了"小成都"的称号。欣喜之余，我也在担忧，心目中的拉萨还存在吗？

我们直接来到布达拉宫前，虽然还是长假的最后一天，出入口已经相当宁静。早就听说布达拉宫已严格控制每天的参观人数，一到限额，绝无通融余地。穿过大道，在广场眺望这座高达150米的雄伟宫殿，就像在瞻仰一位历经风霜的百岁老人，他穿上了新衣，但慈颜依然。这就是拉萨，就是西藏。

第二天来到大昭寺前，上次见到的成排商铺已经拆除，寺门前一览无遗。供酥油灯的场地从露天迁入地下室，免除了古碑和唐柳的烟熏火燎。只有柏枝和藏香燃烧时冒出的淡淡轻烟，带来阵阵清香。大批远道而来的信众和僧人按照藏传佛教的规矩，或在寺前叩长头，或者围着大昭寺、沿着八廓街转，虽然有时比较拥挤，却井然有序。八廓街上游人如云，但地面平整光洁，见不到一点污物。以往在人群中免不了会闻到异味，拥挤中会将衣服弄脏，如今新来的游客不会再有这样的感受。这固然是藏民生活水平提高的结果，但也得益于这些圣地严格的管理。保洁员在人群中穿行巡察，不放过一点纸屑垃圾。不过，从她们几乎空着的篓子看，游人已相当文明，信众僧人自然更会维护圣地的洁净。我问一位值勤的警察，有没有采用罚款或什么其他手段。他有些茫然："从来没有呀！就是让保洁员清扫嘛。"

中午，我们在附近一家藏餐馆用餐，羊肠和酥油人参果是典型的藏菜，我不喜欢吃羊肠，尝了人参果，像是一种煮得很酥的豆子，很甜很油。我吃得最多的还是菠菜，不过可能这并不是藏菜，因为以前拉萨不种菠菜。同时用餐的有不少外国游客，有的吃得津津有味，有的和我一样，只是试着尝尝。但谁也不必勉强，因为同一条路上就有川菜馆、清真餐馆，也有麦当劳和肯德基，市场旁还有大量各色小吃。

下午3时，色拉寺大殿二层平台上出现一位僧人，他手持一面大锣缓缓敲响。闻声而来的僧人涌入一个院子，早已等候着的游客纷纷举起相机或摄像机。僧人们丝毫不受外界影响，双双结组后就开始辩经。我们听不懂藏语，就是听懂了也未必理解，但一片击掌声和他们专注的神情使我相信，这不是表演，而是他们的日常生活。我注意到，一位年轻的僧人不时面露得意的微笑，而他的对手——一位胖僧虽急于说话，却常显焦虑，大概处于下风。金巴师父的友人——从塔尔寺来这里进修的学问僧陪同我们参观，我问他怎么可以不参加辩经，他说特意请了假，这是寺规允许的。我问：要是下大雨或天气太冷是否还举行，他说一般会暂停。看来寺规也相当人性化。大厨房的僧人告诉我，那口大锅已用了几百年，举行重大活动时仍然在用。但炉灶下已安装了电力鼓风机，大锅旁也有高压锅。我看到离开辩经场的僧人开启手机，电视、电脑在寺院中早已不罕见。

我曾不止一次与西方人讨论过西藏，也发生过多次争执。如有人说：真正的西藏已不复存在，拉萨的街上都是汽车，再也看不到骑牦牛的人。我反驳：为什么藏民不能坐汽车，为什么拉萨街上只能骑牦牛？请问你们国内的城市还用马车、牛车吗？还有人说，他在学校看到学生在学汉语，这样下去西藏文化还能不能延续？我说，藏族学生同时在学藏语，农村的学生一般只学藏语。而且你们也看到，不少藏族学生还学英语，寺院里的喇嘛也在学英语，为什么看到他们学英语，你们就不担心；看到他们学汉语，你们就会担心影响藏族文化的延续呢？

在接待墨西哥负责人权的副外长时，我将这个例子告诉她。她说这是典型的双重标准，有些人惯于如此，她有同感。其实，来自发达地区的人、某些专家学者也是如此，他们自己充分享受着现代文明，却希望西藏长期停留在骑牦牛的时代，成为LIVING MUSEUM（活的博物馆），供他们观赏或研究。

当然，作为中国和人类文化的组成部分，藏族文化应该得到充分的保护，特别是其中的文化遗产。这不仅是藏族人民的愿望，也是全体中国人的义务。西藏现代化的过程和青藏铁路的通车，是可能造成对文化遗产和自然环境的破坏，但并非不可避免，也不应该让西藏人民付出不发展的代价。青藏铁路修建时，已经充分考虑了对自然环境和人文景观的保护，但真正的考验还在通车以后。

我与《南方周末》的年轻朋友约定：在青藏铁路通车十周年时再来拉萨。当我乘坐的飞机离开贡嘎机场时，我想对拉萨说："我会再来，等不到十年。"

赞美拉萨！祝福西藏！

"新疆"不"新"，新疆常新

新疆，从字面上解释就是新的疆土。但这是对清朝而言，因为从 1644 年入关开始，清朝首先致力于消灭明朝的残余势力，占有明朝的全部领土。由于当时据有今新疆的准噶尔一度扩张到蒙古高原，康熙皇帝必须先击败准噶尔的攻势，恢复对内外蒙古的统治，对西北地区还鞭长莫及。直到乾隆二十四年（1759 年），天山南北路才归入清朝版图。对清朝统治者来说，今新疆和相邻的中亚地区的确是最后和最新的疆土，称为"新疆"名副其实，所以当时就有了这样的名称，但在那里设立的行政区还是命名为"总统伊犁等处将军"，直到光绪九年（1883 年）设置行省时才以"新疆"为名。

但对历史上的中国来说，新疆的归属并不是从清朝开始的，所以"新疆"并不"新"。

新疆与中国内地的交往可以追溯到遥远的新石器时代，因为在内地，甚至沿海地区的遗址中，都发现过和田玉，其产地绝对是在新疆。无论是直接的还是间接的，这些玉石总是有人从新疆运来的。早在公元前 3 世纪，以蒙古高原为基地的匈奴人已经扩展到西域，包括今新疆的一部分。公元前 2 世纪，原来居住在河西走廊西部的月氏人和乌孙人，为了摆脱匈奴人的控制，西迁至伊犁河流域，并进而迁往中亚。汉武帝派张骞通西域后，汉朝与西域的交通线已经开通，人员来往已相当频繁，汉朝的使者、行政官员、将士已进入西域。西汉神爵二年（前60年），汉宣帝正式设置西域都护府，今新疆和中亚巴尔喀以东的区域归入汉朝版图。尽管汉朝仅派驻少量军队，并且继续保持当地民族和政权的自治状态，但对这块土地拥有主权。在西域范围内，无论是有30万人的大宛和63万人的乌孙，还是只有数百人的小国，都服从汉朝的统治。在《汉书·西域传》中对它们的户口、"胜兵"（合适的兵源）数量都有具体的统计数。

由于两汉之际战乱的影响，汉朝对西域的统治一度中断，但东汉、曹魏、西晋都设有西域长史府，继续行使主权。十六国的前凉、后凉、西凉和北魏，都曾拥有西域的一部分。隋朝在今新疆设立了伊吾、鄯善、且末三郡，是中原王朝首次在西域设置的正式行政区。武功赫赫的唐太宗，于贞观十四年（640年）灭高昌（在今吐鲁番），二十年破降薛延陀，唐高宗永徽元年（650年）擒突厥车鼻可汗，显庆二年（657年）破降西突厥，龙朔二年（662年）破铁勒，平定天山南北。至此，不仅今新疆境内全部归入唐朝版图，连中亚的锡尔河流域和阿姆河流域也成了唐朝陇右道安西都护府的辖境。尽管在755年安史之乱后，吐蕃取代唐朝成为今新疆大部分地方的统治者，中原王朝对西域的控制中断了相当长的年代，但来自中国北方的辽朝遗臣建立的西辽（黑汗、喀喇汗）曾长期统治西域，元朝、明朝都曾拥有西域的一部分。

不过从文化发展的角度看，新疆的确经常处于新的位置，历经数千年而常新。

新疆地处中国西部，与中亚各国相邻，而通过河西走廊又与内地与沿海地区相连，是东西方交通大动脉经过的地方，在丝绸之路开通后更是长盛不衰。中国的传统文化早就通过河西走廊传播到西域，西域乃至欧洲、非洲的文化又从河西走廊东传。由于在唐朝后期以前，外来文化主要通过丝绸之路和河西走廊传入中国，中国对外开放主要的方向是西部，这条陆上交通线的重要性并不亚于海上航线。即使在它为海上丝绸之路所取代后，民间的人员和物资交流也一直没有停止过。

在新疆阿斯塔纳发现的保存完好的古尸中，有的明显属于欧洲白种人，说明在二三千年前欧洲人就到过新疆，有可能带来他们的文化。当匈奴控制着从东北亚到中亚的广阔地域时，因种种原因进入匈奴地区的华夏人、东胡人、中亚人就有可能在新疆这块土地上交融繁衍。乌孙和月氏从河西走廊迁入新疆，又继续西迁的过程，既是两次民族迁移，也是两次文化传播。根据《史记》《汉书》的记载，在汉朝控制西域之前，西域已形成"城郭诸国"——依托绿洲并以城市为主要居住地、以农业生产为主的数十个小国和一批"行国"——逐水草而居的游牧民族。

这样的地理环境使今新疆境内曾经拥有过相当多的民族，如古西域人、欧洲人、匈奴、乌孙、月氏、华夏（汉）、鲜卑、高车、铁勒、突厥、薛延陀、波斯、天竺（印度）、吐火罗、粟特、吐蕃、吐谷浑、契丹、蒙古、回纥（回鹘）、维吾尔、哈萨克、阿拉伯、回、满、锡伯、俄罗斯、塔吉克、乌孜别克、柯尔克孜、塔塔尔等民族，使当地的文化不断变化，也不断更新，有的今天依然繁荣，有的已成千年绝响，甚至杳无踪影。在新疆保存和发现的古文字也堪称世界宝库，有的早已绝迹，或者至今还无法破译。

到过敦煌莫高窟千佛洞的人无不为这个文化艺术宝库的

博大精美而惊叹，但佛教文化包括石窟这类建筑方式正是经新疆传入中国并逐渐传入内地的。我到过新疆的克孜尔、库木都拉和敦煌莫高窟、安西榆林窟、云冈石窟和龙门石窟，曾经注意到一个有趣的现象：克孜尔石窟内画的飞天是裸体的，到了敦煌一带就半裸了，而到了云冈和龙门就全身盛装了。这个例子足以说明，一种外来文化是如何一步步中国化的。但新疆处于中国境内的起点，所以能保存比较原始的外来文化。但是对由中国外传的文化而言，新疆也处于中国境内的终点，尽管长途的传输或许已经产生变异，却往往能意外地保留住一些文化化石。

当高仙芝率领的唐朝大军在怛罗斯（今哈萨克斯坦江布尔）大败而归时，唐军中被俘的造纸工匠却完成了世界文化史上的盛事——将造纸术传到撒马尔罕，最终取代古埃及的纸莎草造纸术，成为一项世界性的技术。黑衣大食（阿拉伯帝国）已经将扩张的矛头指向东方，但趁安史之乱隔断河西、据有新疆的吐蕃人也同时隔断了阿拉伯人对唐朝的威胁。吐蕃的长期占据使新疆境内的佛教文化臻于极盛，却在伊斯兰教东扩后烟消云散。蒙古铁骑一度成为西域的主人，但军事上的征服者很快成为文化上的被征服者，蒙古征服者最终不仅皈依伊斯兰教，连他们本人也融合于当地民族。

到了近代，相当便捷的交通使人口的交往和迁移更加频繁，新疆的丰富资源、辽阔土地、多元文化和战略地位吸引了怀着各种动机的人群，也带来了更为多样的文化。当阳光驱散乌云，屈辱成为历史，融合代替冲突，干戈化为玉帛，新疆又一次向世人展示出常新的风姿。"新疆"不"新"，她早已是中国不可分割的一部分。新疆常新，她在各族人民不断的滋润下永葆青春。

真正的归宿：访胡志明出生地

　　河内巴亭广场旁耸立着胡志明的陵墓——一座高耸在台阶上的神殿式建筑。与世界上同类建筑相比，它深灰色的大理石外表并不显得豪华，它的外形和体量还有些低矮局促。但我还是没有进去瞻仰胡志明的遗容，尽管我读过有关报道，知道他的遗体保持得相当完好，人们见到的形象就像他刚入睡一样。

　　我不需要看到这样的胡志明，因为我曾经在电影和照片中看到过很多胡志明的形象，也读过不少有关他的传记和报道，在两次访问越南期间还听到过民间各种传闻。我也有过几次间接的体会："文革"期间我曾带领学生"迎宾队"在上海虹桥机场欢迎越南的范文同总理，发现飞机搬下来的皮箱中大多打过补丁。1987 年冬我随先师在广西考察，在凭祥时住在政府一处招待所，先师住的房间当年胡志明曾住过，而我住的是范文同住过的，都是很普通的套间。胡志明逝世后，我国的报纸上曾公布过他的《遗嘱》，里面提到他最痛心的是两个最大的社会主义国家的失和。当时官方的解释是越南所处的特定条件，因为离不开苏联的援助，所以只能在中苏争端中持折中态度，还有人批评胡志明对苏修存在幻想，只反帝不反修。但事后我们不能不对他肃然起敬，至少他没有随波逐流。在我心目中，胡志明是一位邻家的慈祥老人，平易近人，却有自己的个性。

我不愿意看他遗体的另一个原因，是我认为这样安放未必符合他的意愿。这也是世界上大多数革命领袖身后所不能幸免的，有的明确表示希望与亲人长眠在一起，有的已立下遗嘱实行火化，有的身前反对修建豪华陵墓，但都被他们的忠实继承人所改变，身不由己地作为被效忠、被尊崇的象征永久供奉着。我不是出于猜测，就我有限的了解，胡志明生前身后，都有这样的例子。据报道，他晚年曾对一位来自中国的医生产生恋情，但受到战友和接班人的劝阻，因为越南革命不容许自己的领袖拥有一位中国妻子。他去世的时间不幸在越南国庆前夕，于是只能公布为国庆后一天，直到多年后才更正。

待我参观了胡志明的出生地后，我更坚信我的猜测。

清晨离开荣市不远，我们的汽车就折入一条支路。沿途没有什么明显的标志，只有进村前的路口有一块蓝底白字的牌子，写着两行越南文字。我们的车停在一块空地上，旁边有几家小商店，对面一个用竹子围住的小院有一扇很低的篱笆门，里面就是胡志明出生的地方。篱门上没有锁，只有一个搭扣，看我走近篱门，司机就提醒我，还没有到开放时间。我告诉他不会进去，只是隔着篱门先拍几张照片。

我们在小店买了包当地的点心，要了几杯咖啡，权充早餐。商店里除了供应食品杂货外就是与胡志明有关的物品——他的石膏或塑料胸像、照片、工艺品、光盘、图书、军用帽、胶底鞋等。录音机中播着歌颂他的歌曲，尽管听不懂词，但从颂歌的调子和不时出现的"胡志明"的声音可以断定。墙上小小的壁龛中供着一座白瓷胡志明胸像，两旁是香烛。但另一边像上供着同样大小的观音菩萨，同样点着香烛。年长的店主来了，听说我来自中国，自然而然地念道"胡志明，毛泽东"，看来他还记得当初的"同志加兄弟"关系。

七点半刚过，我们一行就走进这个院子。参观是免费的，但我们已经每人准备好一束鲜花。院子前面是两片农地，种着玉米和红薯。后面两排茅草房，都是茅顶、竹篱墙、泥地，没有窗户，墙中间前后敞开。进屋处只有一米五六高，多数人得低头入内。几间屋子分别充作书房、卧室、劳作室，放着木长桌、竹凳、竹床、蚊帐、吊床、织布机等家具物品。在那张长桌上有两个玻璃密封的方盒，里面放着一个笔筒和砚台、一个小花瓶，上面有一块红色的说明牌，显然是胡志明生前用过的原物。除了茅草屋顶相当平整，证明是经常修饰的外，看不到任何不平常的东西。除了那块小红牌外，室内找不到其他说明。其实这里的一切已经作了形象的表达，任何文字都已没有必要。

后一进茅屋的左面有一座唯一的砖瓦房，高不足 2 米，屋脊高也不足 4 米。正面两旁墙上写着一副白底黑字的门联："黄云正气传千古，钟巨雄声振亿年。"（我怀疑下联原作"巨钟"，是修缮时写错。）进门所见，竟与国内旧时的家堂或神龛完全一般：正面是一副彩绣的帐幔，在龙凤团花之间是"福禄寿"三字，下面垂着流苏。两旁绣着两行金字："祖功宗德千年立，子孝孙贤万代荣。"前面一个较矮的香案上供着香烛、一对花瓶、花果等供品；后面一张较高的供桌正中一个神龛中有两块写着越南文的灵位，旁边有一对大烛台，中间有五个烛灯。此时，两位美国妇女、一位澳洲退休教授和我将手中的鲜花供于花瓶或案前。我不知道他们在想什么，但大家都在表达对胡志明的敬意。随后络绎不绝的参观者来了，妇女们拿着燃着的香，鞠躬揖手后将香供在案上。干部模样的男子大多表情虔诚，年轻人则颇感好奇。

在参观者离去的间隙，我尽量靠近那两块大小不等的灵位，但上面是细小的越南文字，连猜测都不可能。我想问工作人员，但他们既不懂中文，也不会英文，而里里外外也找不到任何中文或英文的说明。看来越南当局并不想让胡志明成为"世界革命领袖"，至少还没有做好接待各国人民参观的准备。我只能做两种假设：这个"家庙"是胡志明生前就有的，那里面供的应该是阮氏（胡的本姓）的先人，胡身后一仍其旧，至多加上了他的灵位。这是为纪念胡志明而建的，里面供的是胡及其先人，应该是根据胡生前的意愿。无论是哪一种，都可以说明，这是胡志明真正的归宿地，而不是巴亭广场上的陵墓和其中的遗体。

第四章

文化随想

繁简字与书法修养

简化是大势所趋

二十年前，我到纽约去拜见已退休的沙学浚教授，他是先师谭其骧先生在浙江大学时的同事，也是海外保钓（鱼岛）运动的学术重镇，所以那天他的谈话大多离不开保钓。后来不知怎样讲到了简体字，他却说："共产党做的很多事我都赞成，就是用简体字我不赞成。"当我说到繁体字时，他马上纠正："什么繁体字，应该叫正体字。"我不便与他争论，只能说了句笑话："要是用简体字就是共产党，那一千多年前就有共产党了，東字不是早就有东的写法了吗？"这显然是一种政治偏见，但出现在当时毫不奇怪。两岸敌意未消，往往往对方做法乱戴政治帽子，我遇到的台湾学者就不敢将大陆出版物带回台湾，因为上面印有简体字。其实，简体字根本不是中国大陆或共产党的专利，而是中国文字发展过程中的自然产物。

人情趋简，这是不可抗拒的规律，古今中外莫不如此。中国的文字从篆书变化到隶书、楷书，就是一个不断简化的过程，从个别字、少数字的简化，到一批部首或文字有规律性的简化，最终形成一种新的字体，然后又不断简化。从古代留下的金石和印刷文字中都可以找到由当时文字简化形成的"俗字"，书写文字中就更多了。就是在将简体字等同于"共党"时代的台湾，不少人已将"臺灣"写成"台湾"了。英语中的 LABOUR 被美国人拼成 LABOR，英语中的缩写早已编成辞典，并且随时在扩大，不是趋简是什么？

所以，1950 年实行简体字，并且由政府立法，颁布实施，只是中国文字发展史上一次集中的简化，是将流传已久的"俗字"合法化、规范化，使民间一些不同的简化法得到统一。事实证明，简体字已经为绝大多数中国人所接受。改革开放以来，已为越来越多的港台同胞和海外华人所接受，也已被多数外国和国际组织所采纳。

当然，已经公布并采用多年的简体字并非十全十美，其中最受诟病的一点是将原来不同的字简化成了同一个字，或采用了原来就存在的另一个字，如"幹"、"乾"都简化为"干"，"鬥"与"斗"成了一个字，"穀"简化为"谷"后与山谷的"谷"难以区别。有的字本来就在使用，但被采用为简体字后，就与被简化的字混淆起来。如"後"简化为"后"，与皇后之"后"成了一个字。特别是要将简体字还原为繁体字时，除了查到原文外，简直无法可想。记得我们在为出版社改定繁体字片《中国历史地图集》时，面对"谷水"、"谷城"、"谷阳"之类地名时，真不知道该不该改成"穀"。不过话说回来，一字多义，一字多形，多字一形的现象早已存在，由此产生的错误也屡见不鲜，不能都怪简体字的推行。至于异体字的归并和某些简体字不够美观，是可以通过不断修改，逐步完善的。

电脑文字处理日益普及后，有人又提出了新的理由：反正是在屏幕上显示，或由机器打印，再使用繁体字不会增加书写的麻烦。且不说电脑尚未普及到人人都用，或无时无刻不具备的程度，就算全部用屏幕或打印机，也得考虑繁体字较简体字多用墨粉、多占空间的弱点。有的字笔划实在太多，使用小号字时根据无法区分，简化一下，何乐而不为？

推行简体字后，多数人不识繁体字了，会不会影响传统文化的传承呢？不能说一点没有影响，但并不像有些人想象的那么严重，并且不难消除。其实，就是不推行简化字，多数人也不会去认那些冷僻字和难字。隶书、楷书推行后，能识篆书的人少了，但篆书并未绝迹。何况简体字对应的繁体字不过几百个，其中一部分猜都猜得出来，要学会辨认并不难，只要稍加留意，识繁用简，或繁简兼用是完全做得到的。

至于因不识繁体字而闹出笑话，多数是由于文化素质太低或责任心不强，并非仅仅因为只识简体字。邓广铭先生讲过一个笑话，有人到北大图书馆借《汉书》，管理员说没有，因为他不知道《漢書》就是《汉书》，所以找不到。试想，如果此人对业务稍加注意，或者问一下旁人，难道会不知道吗？

所以，汉字简化的方向要坚持，简化过程中的缺陷应弥补，能做到识繁用简就更好，繁体字作为中国传统文化的一部分也要长期保存。

"字如其人"的疑惑：有感于"王义庆《世说新语》"

日前在飞机上翻阅航空公司的杂志，读到一篇评价某位书法家的文章，极力赞扬其作品有深厚的文化底蕴，特别提到他一幅录"王义庆《世说新语》"如何高明。一见这几个字，我以为必定是杂志排错了，但再看附图的说明上也写着"王义庆"，而且这幅书法照片上"王义庆"三字赫然在目。这就是说，这位书法家、评论的作者和杂志编辑都以为《世说新语》的作者是王义庆，或者后两位根本不知道这本书的作者，所以只能跟着书法家一错到底。

书法家为什么会将《世说新语》的作者误为"王义庆"呢？大概他既不熟悉历史，又不懂古籍上署名的规矩。原来《世说新语》的作者是南朝宋的临川王刘义庆，但因为刘义庆是宋朝的亲王，在使用他的王爵时，他的姓是可以省略的，所以可称为"宋临川王义庆"或直接称为"临川王义庆"，就像明朝的宁王朱权可以称为宁王权、清朝的醇亲王载沣不必每次称爱新觉罗·载沣一样。书法家大概以为这是一位籍贯临川的王义庆先生，所以省略了临川二字。

本来这样的错误也算不了什么，如今非文史专业的大学毕业生以至硕士、博士中不知有多少人还知道《世说新语》这本书，更不用说它的作者刘义庆。这位书法家或许没有受过文史专业的训练，而这种情况在书法界并非偶然。因为比这还离奇的笑话还不少，例如我亲眼在上海火车站软席候车室的卖品部挂着一幅书法中见到"孙子雲"的写法，以下是《孙子兵法》中一段话，显然应该是"孙子云"。要说书写者完全没有文化也未必，至少他知道中国的书法一般应该用繁体字，却不知道作"说"解的云字本来就是如此，不是"雲"字的简体。

我丝毫没有贬低这位书法家的作品的意思，从照片上看那段《世说新语》的确写得不错，颇见功力。就是那位"孙子雲"先生的字，虽不十分高明，比我这个发现他这一低级错误的人也强得多，至少是在书法上下过一番功夫的。要是有书法评论家从他们写的字本身来肯定他们的成就，我这个外行人就没有发言权了。

问题在于这位评论者偏要从文化的高度评价书法家和他的作品，这就有点适得其反了。我们不妨猜测一下：既然这位书法家不知道《世说新语》的作者是刘义庆，也不知道"临川"就是南朝宋临川王的简称，尽管他抄了《世说新语》中有关孔融的一段话，他怎么能够了解魏晋至南朝期间文人雅士的价值观和生活情趣？如何能深刻理解这段话的含义？又如何能通过书法艺术来表达呢？而这位评论家对《世说新语》的了解并不比书法家多，那他又如何看得出这幅字的形状和笔划以外的含义？如何能对这种"文化底蕴"做出评价呢？

　　这使我想到一些类似的例子：一些高明的评论家坚称"书如其人"，一直肯定赵孟頫、董其昌的书法格调不高，因为赵氏以宋朝宗室而出仕元朝，董氏横行乡里为清流不齿。但我不明白，难道赵氏的书法作品在出仕元朝的前后发生过本质性的变化吗？难道董氏在没有得势之前写的字格调就比较高吗？如果真是如此，难道他们两人的一生命运早已安排好了吗？又如宋徽宗赵佶独创的瘦金体以及他创作的工笔花鸟，实在称得上艺术高峰，却看不出有什么亡国气象。而近人于非闇虽学得惟妙惟肖，总缺少原作的神韵。古今中外都有那么一些绝顶聪明、多才多艺的文人，为后世留下了隽永的诗文、高尚的格言、严肃的论说，而本人的行为却完全相反，甚至卑鄙污秽。但如果你不知道他们的为人，就不能不佩服他们的作品。实际上，这些作品的一部分的确已被当作人类文明的瑰宝而流传。

　　我说这些话，并不是主张不要考虑作者本人所作所为的因素，但首先应该就事论事，就书法而书法，就艺术而艺术，不能先入为主，采取因人而异的标准。人与作品都好，能达到"德艺双馨"的境界固然最好，万一德方面有缺陷，也不能因人废艺，或因人废言。另一方面，也不能由艺及人，掩盖人的缺陷或丑恶，甚至加以美化。对艺术的评论，切忌在盖棺论定的基础上，捕风捉影，将人的优点或缺点硬落实在作品上。

就拿前面那位评论者来说吧，如果认为那位书法家的字写得好，就直说好在哪里，大可不必打文化牌，非要提高到中华文明的高度。其实作为一种艺术，一个人的天赋也有起很大作用的，没有什么文化的人也可能写出很好的字。非要说他懂多少文化，自己又没有把握，难免不闹"王义庆"这样的笑话。

普通话与方言

谁说了算

记得 1990 年访问日本时，主人招待我们登京都塔观光。登上电梯后，服务员特意表演关西口音与关东口音日语的区别。讲得比较夸张，所以连不懂日语的我也觉到有不小的差异。以后有机会在京都住了近半年，曾请教一位世居京都的友人，知道关西人与关东人之间虽没有中国人说方言那么大的差异，但口音毕竟不同。于是我问他："标准的日本语的发音以哪里为准？"他说当然是关东。我又问："如果关东人发音也有不同怎么办？"他稍想了一下说："很简单，以 NHK（日本广播电台）的播音为准。"

当时就联想到，我们国家的普通话以谁为准呢？当然应该以中央人民广播电台和中央电视台的播音为准。一种语言应该如何发音，如何用口头或书面方式表达，有关的专家固然最有资格，但代表国家的媒体每时每刻在面向受众，它们使用的口头和书面语言的影响自然最大，传播速度也最快。

正因为如此，连最权威的专家也得重视媒体的影响。据说，已故语言学家吕叔湘对《人民日报》特别关注，一度每个月给编辑部写一封信，指出存在哪些不妥之处，需要如何改进。编辑部也非常重视他的意见，因此报纸的语言质量一直保持上乘。显然在吕叔湘的心目中，《人民日报》代表着国家书面评议的标准。我也曾听说，中央人民广播电台的著名播音员经常为一个字的读音请教语言学家，报上也见到过与播音员商榷某个字发音的文章，足见大家的重视程度。

但近年来，没有听说有第二位吕叔湘，而媒体的发音和用词却越来越随意了。

例如有人指出，央视有些主持人的普通话带有明显的东北口音。我自己不能说标准的普通话，所以缺乏判断能力，但也感到他们有的读音不像普通话。如果的确如此，社会上流行的普通话会不会"东北化"呢？外国人如果要学普通话，除了他们的教师以外，用什么作标准呢？

与发音相比，他们的用词就更成问题。当第一次听到主持人在播送新闻或发表评论时用"这其中"一词时，我还以为自己听错了。但后来一遍遍听到，并且在报刊上也看到了这种用法，才意识到此词已人有习惯成自然之势。本来，"其中"的"其"就是"这"的意思，这两个字的意思已经是"这中间"。再加上一个"这"字就成了"这这中间"，不仅属画蛇添足，而且反而不通。"其中"一词虽然是白话中保留的文言，口头语言中的书面化用词，但通俗易懂，可以说无人不知，从未被误解。如果哪位主持人刻意追求口语化，也应说成"这中间"，岂能在"其中"两字前再加一个"这"字？不知谁一时误用，或一向说话不规范，居然让"这其中"大行其道。稍注意一下，果然报刊文章中已经出现。

或许有人会提出异议：语言是在不断变化和发展的，为什么不可以创新？不错，这一点我完全赞成，可惜与上面这个例子不符合。

创新应该是比原来的更恰当，更生动，更简洁，更优美，更上口，在"其中"前面硬加上一个"这"字属于哪一种？如果一定要强调口语化，为什么放着现成的"这中间"不用？

如今媒体越来越多，信息量越来越大，节奏越来越快，出现这些现象或许无法避免。但我总希望，一个国家、一种语言应该有一种大家都容易听得到、看得到的标准。仅仅靠专家或辞典，是不足以影响和指导大众的。要求所有的媒体都做到或许不现实，代表国家的几家媒体总该做到吧！或者应该进一步规定，某家电视台、广播台的某频道，以及某报刊的某版面为国家语言标准。它们将负责保证中国口头和书面语言的纯洁、规范和严肃，包括及时认可新的读音和语调、运用新的词语词汇，或对旧词使用新的解释。当然起决定作用的应该是权威的语言学家，必须由他们来保证这类媒体所使用语言的权威性。

要不，谁说了算？

上海人说上海话

据说，上海人受人诟病的原因之一，就是相互间旁若无人地说上海话。我却不以为然。

要说这是什么毛病的话，那是各地人的通病，而且上海人并非最突出的。哪个地方的人遇到同乡人不说家乡方言？不少人一辈子乡音无改，不要说遇到同乡人，就是对外乡人，甚至在正式场合，也是一口方言。在这一点上，表现最突出的大概要算四川人和重庆人。印象最深的是那年由中央电视台转播审理彩虹桥坍塌案，从检察官、法官、证人至被告，无论少长，都是一口四川方言。以至引起媒体和公众的不满，责问公务员执行公务时为什么不说普通话。其实，很多北方人也是如此，只是由于他们的方言与普通话相差不多，听起来不那么明显。倒是南方人有自知之明，一遇外人，特别是对着镜头或话筒时，总是尽量说普通话，别人是否听得懂是另一回事。

其实，将上海人见面说上海话，某地人见面说某地话的现象放大一下，就是中国人见面说中国话。难道有什么不正常吗？有过这样经验的人不妨回忆一下，在国外遇到认识的本国人，当然会用中文交谈。就是不相识的，只要肯定是中国人，也会主动讲中文。有时不能肯定对方是否中国人，得先用外语问一下，或用简单的中文试探一下。有时对方虽是华人华裔，却不会讲中文，总是不无遗憾。在这种情况下，会说中文而不说倒是不正常的。

对绝大多数人来说，母语——无论是国语还是乡语——包含着一种与生俱来的感情，只要有机会总会自觉或不自觉地流露出来。有些感情，有些话，只有用母语才能表达出来，传达清楚，尤其是在讲同一母语的人之间，再纯熟的普通话或外语都无法替代。

所以，上海人相互间讲上海话并无不妥，引起旁人不满的是旁若无人，不尊重他人。当着旁人面说人家听不懂的话，不仅不礼貌，还容易引起别人的猜疑——是否在议论我？是否有什么话不能让我知道？如果上海人之间说话很有节制，不影响旁人交谈，又顾及听不懂上海话的人，适当插些普通话以避免别人有受冷落之感，气氛就会融洽，也就不影响上海人之间的感情交流。

有些上海人为什么会旁若无人？其他人为什么会特别计较？除了个人修养的原因外，还由于一度存在的方言霸权。所谓方言霸权，是指某种方言因该地的强势地位而形成对其他方言的优势。本来上海只是松江府的属县，上海话自然不会有特殊地位。但从1843年开埠以降，上海逐渐成为东南沿海、全国以至东亚最大的城市。如此重要的地位使新形成的上海方言（主要通用于上海市区）成为一种强势语言，对周边方言形成霸权。那时能说上海话就是上海人，比乡下人高了一等。而在上海人的眼中，除了自己和外国人以外，其他都是乡下人。

上海人唯一不得不尊重的是"国语"——北京话，或称为"京片子"。这是因为北京是元、明、清三代的首都，也是1927年前中华民国的首都，皇室贵胄、政要达官、名流学人，要想在北京生存发展，谁能不说国语？上海人再牛，也不敢怠慢说国语的人。大概因为在上海人听起来，北方话与国语区别不大，对说北方话的人一般不太歧视。山东话虽与国语差异明显，但开埠以来在上海当警察的大多是山东人，也得罪不得。最倒霉的是苏北人，其方言虽属北方话系统，却一听就知，加上苏北人在旧上海的社会地位低，"江北人"成为蔑称，"江北话"一直是滑稽戏中反派角色或丑角的语言。皖北口音与苏北相近，有时也受池鱼之殃。因此，中年以下的苏北人在外会尽量讲上海话，但年长的人却改不了苏北口音，滑稽戏中又有了新的奚落对象——苏北人说的上海话。年轻的苏北人或苏北籍家庭生成在上海的下一代自然能说一口流利的上海话，但他们往往不敢将同学朋友带到家里去，因为父母或老人一开口，苏北人的身份就暴露无遗。记得读初中时，学校请一位著名的劳模来作报告，劳模说一口苏北话，引起同学嘲笑。为此，会后学校进行思想教育，称看不起苏北人就是歧视劳动人民，就是严重的资产阶级思想。如此大的政治帽子谁敢戴？但私自里仍有议论："苏北人里也有逃亡地主、流氓恶霸。""其他地方的人是劳动人民，为什么不受歧视？"这种现象在改革开放前还存在，上海人找对象，往往有"苏北人免谈"的前提。稍开通点的人也要先打听对方是"全钢"还是"半钢"（当时的国产手表分"全钢"和"半钢"两种，上海方言中"江"与"钢"同音，所以将父母一方是苏北人的称为"半钢"，双方全是苏北人为"全钢"）。

出于对上海话霸权的反抗，在局部地区也会形成苏北话的强势。上世纪60年代，我任教的中学招生范围有一片苏北人聚居的社区，学生全部讲苏北话，大多连普通话、上海话都不会讲。有的老教师上课说上海话或南方口音很重的普通话，学生会起哄："我们听不懂蛮子话"，并称之为"蛮子老师"。有次我去一位学生家，发现他的母亲说的是常州话，一问才知道他们家是常州人。我很惊奇："你们家孩子怎么说苏北话。"他母亲说："没有办法，从小与苏北孩子玩，不说苏北话会被人家骂蛮子，连对我们也讲苏北话。"

解放后，上海从中国实际上的政治、经济、金融、文化、新闻、出版中心降为地区性中心，大批操北方话的南下干部、中央派员担任了各级主要领导，所以对地位高的北方人或苏北人是上海人所不敢歧视的。中国重返联合国的纪录片播出后，上海人发现风流倜傥的乔冠华说的也是苏北普通话，却没有什么议论。大力推广普通话使上海话从正式场合和文教领域全面撤退，但市民阶层在日常生活中依然顽强地坚持说上海话，并且一有机会就要显示上海话的优势地位。由于北方人分不清上海话与其他南方话，加上普通话的法定地位，上海人在北方人面前会尽量说普通话。但到了江浙人面前，好不容易有了高人一等的机会，怎么会不大讲、高声讲上海话？这背后还有上海与江浙间的微妙关系。江浙人对上海是爱恨交加，一方面上海是财源、客源，旅游点一半以上是上海客，商店里一半以上是上海货（改革开放前），另一方面上海是压倒性的竞争对手，特别是上海人一来就把物价抬高，交通搞挤，还带来一片大声喧哗的上海话。"文革"后期，与"四人帮"的特殊关系使上海成为众矢之的。1976年4月初，我去常州出差，晚上住在招待所的大房间中，熄灯后一片骂张春桥和上海人的声音，我话都不敢说。

六十年风水轮流转，改革开放之初，粤语独领风骚，连时髦的上海人也争着学上几句。上海的苏北籍移民家庭，已经有了第三代、第四代后裔，他们从小生长在上海，加上苏北人聚居的社区越来越少，所以已经不会讲苏北话了。就是土生土长的上海人，由于从幼儿园就开始讲普通话，大多已经无法讲地道的上海话，很多词的读音已经与普通话无异。还因外地人、港台人、外国人大批迁入，外来语广泛渗透，特别是影视无孔不入的影响，上海的年轻人说话时已越来越多地夹杂着外来词语和网络上的新词。

可以说，除了在一些不谙世事又比较顽固的市民，上海话的语言霸权已不复存在。所以今天遇到上海人之间说上海话，只应看成他们之间自然的情感交流，应该采取宽容态度。当然，上海人也要自觉，不要旁若无人，不要让别人难堪。特别是在公众场合，要适可而止，有些话完全可以留在私自慢慢说。

其实，其他地方的人何尝不应如此。在普通话日益普及的同时，方言永远是本地人情感交流最有效的手段。消除了强势的方言应该有更强的生命力，关键在于合适的运用。

姓名与称谓

解决同姓名之难：传统与现代，文化与管理

最近见到有关调查，中国 13 亿人口中有好几个姓的总数都高于几千万，其中同姓名的人已经相当多，造成种种不便。这种现象经常能碰到，特别是在人数较多的单位，像我们大学，同姓名的就有不少。据说甚至在一个小班中都会有两人同姓名，以至只能再加大小来区分。由同姓名而产生的喜剧自然有，但更多的还是闹剧，甚至是悲剧。

我第一次注意到同姓名的麻烦是在"文化大革命"中，当时开展"清理阶级队伍"运动，我才二十出头，"历史清白"，奉命参加"专案组"。为了找到线索不清的调查对象，办法之一是去市公安局的"口卡科"查旧户口卡。有些人一查就清楚，因为同姓名的只有一张。即使有两三张也不难，再对一下籍贯或年龄就区别出来了。但一些常用的姓名就麻烦了，像王小妹就有一千多，加上籍贯苏北某县和 40 岁左右两大特征，还有一二十位。没有其他办法，只有一个一个找。

当然，像我这样进不了"新百家姓"的人就比较幸运。我的名字不算冷僻，但与姓配在一起就罕见了。我在《四库全书》

中作过检索，未发现同姓名的；又在网上检索过，只在某人写的武侠小说中见到一人，又在一篇网络小说中找到一个，前者是正面人物，后者是反面人物，倒是平衡的。要是我姓张、王、李，那在相识的人中就有同姓名。

大家都知道，同姓名的原因之一，是中国取名时往往受政治、时事、观念、期望、道义、地域等现实因素的影响，所以在一段时间、一个地区内使用同一名字的频率特别高，如胜利、解放、和平、建国、建华、中华、爱国、为民、抗美、卫国、跃进、红旗、卫星、红卫、卫东、文革、立新、振兴、招弟（娣）、小妹、根生等，还有些字如刚、强、勇、仁、义、智、信、文、才、勤、孝、明、锋、波、涛、军、兵、富、贵、财、发、根、荣、桂、兰、梅、珍、宝、花等也相当普遍。

原因之二，是一些人偏好用单名。我的印象，上世纪50年代用单名的人还是少数，但似乎高干、老干部中和文艺作品中单名特多，据说不少人在参加革命后都将原来两个字的名字改为单字，或者连名带姓改为单名。不知是否受此影响，自60年代以后使用单名的人越来越多，一度成为多数。这更增加了同姓名的概率，特别是在一些"大姓"中，单名的同姓名者比比皆是。

不过即使大家都取双名，甚至像有人建议的那样，将姓名加到四个字，如将父母的姓连在一起合成复姓，再加上两个字的名字，恐怕也不能解决某些大姓的重名问题。尽管常用的汉字有四五千个，但并不是所有的字都能用于名字的，如一些贬义词、不雅的词、被认为不吉利的字等，一些在普通话或方言中具有不佳谐音的字。还有些字过于冷僻，不仅一般人不认识，电脑字库上没有，而且连准确的读音都不知道，姓名老是让人家念错总不好吧！

其实中国古代就遇到了同名的麻烦，因为中国历来人口众多，公元初已有6000多万，11世纪突破1亿，鸦片战争前已过4亿，一些大姓早就有不少同姓名产生。一部《二十四史》中就有不少同姓名，历史上的《同名录》已经编过好几部。

古人的避免办法不少。一是除名外还有字，同名再同字的概率就不高了，必要时在姓名后面注上字，或者干脆"以字行"，从此以字代替名了。一是注明籍贯，或者郡望，同姓名者未必会是同地出生，或同一籍贯。一些大宗族还采取将世代排定的办法，预先定下一首诗或几句话，规定每一代用一个字，有的规定一二十字循环使用，这样上下辈分不会混淆，宗族内部也不易产生同名。有的在规定名字第一个字必须用表明辈分的字以外，还规定第二个字必须用相同的偏旁，如清朝同治、光绪皇帝都是"载"字辈，第二个字用水旁，所以就是载淳、载湉、载澧、载洵、载涛等。但这办法也有局限，如果这一辈人特别多，往往会将能用的同偏旁字用尽。

看来靠传统办法解决不了同姓名现象，那么只能加强管理。如果全国的姓名都能通过网络查询，取名前就可以知道这一姓名是否有相同，已经有多少。全国范围内实在避不了，也可以在本省市中避免，至少减少一些同姓名。但要完全避免，就只能依靠在全国绝无重复的身份证号码，规定在重要场合姓名与身份证号码同时使用，或者只能用号码。

175

称谓的困惑

当了四十年教师，快六十岁的人，写了一辈子的信，说来或许你不信，如今还常常为称谓而困惑。

幼时从废纸堆里捡到一本"尺牍"范本，见到儿子给父亲写信应该称"父亲大人膝下敬禀者不孝男某某"。读小学三年级时父亲在上海谋生，家里有事要我给他写信，我觉得照尺牍书上写有"封建思想"，又太啰唆，就自作主张简化为"父亲大人"，最后称"儿某某敬上"。但信的正文中已经用"你"、"我"，而不再沿用"大人"、"儿"如何如何了。

以后写信的机会不多，偶然有不识字的邻居要我代笔，对称谓也不大理会，反正只要念出来让他们满意就行。语文课作文时写信，老师有规定的格式，只要写好正文，不用为格式和称谓操心。记得1957年考高中的作文题目是《给日本朋友的一封信》，当时报上有的是支持日本人民反美斗争的文章，凭记忆写上几段，最后"此致革命敬礼"就完成了。直到高中毕业，一些同学去外地上大学，才重新有了写信的需要。不过同学间都互相称名字，信封上都写同志或同学，60年代越来越革命化，谁也不会称兄道弟。而且在经过"反右派运动"以后，我们这些高中生也有了这样的觉悟，"先生"只能用于几位年纪大的老师，在书面称谓中只能称同志或老师。而在报纸上偶然见到有人被称为"先生"，除了像享受殊荣的鲁迅外，其他肯定属于统战对象，是不能称为同志的人。李宗仁从海外回归后，就一直被称为"李宗仁先生"。

1978年到复旦大学读研究生，不久又当了先师季龙（谭其骧）先生的助手，与各种人通信的机会多了，有时还为先师代笔，这些年来通信的范围更广，其中很多是不相识的，或不知道对方的确切身份，越来越感到称谓的麻烦。

譬如给老先生写信，照理应该用他的字，而不能直呼其名。由于随侍先师，我总算知道了史学界大多数老师前辈的字。也知道有些前辈以字行，或者不用字。不相识的人就比较麻烦，如海外有些老先生很讲究这类规矩。有一次给一位中年的先生写信，因为不知道他的字，只能在他名字后称先生。事后发现他的名片上在名字下印着字，显然他希望别人在信函中用他的字，收到我的信时不是认为我不懂规矩，就是会不太高兴。

给比较年轻的朋友写信更麻烦。称同志吧，显得像公文，有些不合时宜，近年来新派人物更将"同志"看成同性恋人群的专名。本来称"先生"或"兄"最方便，但经常会使对方受宠若惊，甚至一本正经地回信纠正："我年龄比您小，您太客气了，应该称我弟才是。"但我却不敢轻易称别人为"弟"，因为如果遇到一位懂旧时规矩的人，他必定知道"弟"只能用于亲兄弟、结拜兄弟或学生，会说我"好为人师"。本来，"兄"是对男了的通称，"先生"也是通称，只是更正规些，但现在很多人不知道，做出如此反应也很自然。

书面如此，口头也不好对付。譬如说你见到一位陌生男子，该称他什么？当年工人阶级吃香，社会上一度流行称"师傅"，现在也有不少人沿用，我一直不用，觉得与自己的身份不相称。演艺圈流行称"老师"，北方似乎也如此，对我们教师倒是很习惯，但如果对方年纪太轻，称他"老师"显然不妥，他更会感到不安。我一般喜欢称对方"先生"，但往往会遇到异样的目光的反应，大概自感不应被我称为"先生"。

对方是女性更麻烦。本来年轻些的可以称"小姐"，但近年

"小姐"不仅贬值，而且几乎成了贬义，有人一听"小姐"马上就想到三陪或什么不正经的事。称"女士"又太正规，有的人还听不懂，有一次我就遇到一位中年妇女听到"女士"一词后就瞪大眼睛，既显得迷惘，亦颇不友善。而且洋派的女郎会不愉快，显得你已断定她已婚。

想来想去，现代汉语中缺少男性和女性的通称。比如英语中的 Mr，Miss，Mrs，我们一般译为先生、小姐、女士（或太太），其实会引起误解。因为"先生"一词在汉语中，无论文言还是白话，多少含有尊敬、尊重的意思，而英语中是毫无此意的。所以在英语中警察可以称因犯为"Mr John"，而在中文中就不能不分场合或对象对一切男子称"先生"。可是不用"先生"用什么词呢？还真找不到，找到了也未必会被大家所接受。日文中就有这样的词，如さん就老少皆宜，贵贱兼用，译成老王、小王、王君都可以。而日文中的"先生"却严格限于几种人，绝不能滥用。记得有人建议在汉语中用"君"作为男性，甚至包括女性的通称，但在没有被普遍接受之前，只能是个人的习惯。

其实最大的毛病出在我们长期以来只破不立，从来没有规定过一种通用的称谓和礼仪。旧时代都有种种"称谓录"，再复杂的关系，翻一下书就可以知道了。还有"通礼"一类工具书，各种场合适用什么礼节、何种仪式也写得明明白白。但中华人民共和国成立半个多世纪了，却从来没有见到这类正式的标准书，也没有听说政府有制定礼仪、称谓的打算。我们现在经常说要继承传统文化的精华，要讲究精神文明，连我这个教授都不知道该用什么称谓，或者自以为用对了却不被人接受，年轻人大概只能模仿影视中的称呼了。

要说一点不立，也不是事实。先师告诉我，上世纪 50 年代初他第一次到复旦大学一位干部出身的领导家去，听到这位领导让自己的子女称他为叔叔，先师竟吃了一惊。因为以往的规矩，凡是父辈的朋友或同事，子女一律应称为伯父、伯母。以后他才明白，来自老解放区或革命队伍的习惯是称"叔叔、阿姨"，甚至称对方为叔叔，同时称他的太太为阿姨。我因为长在小镇上，受革命风气影响较晚，遇到同学父母还是称伯父伯母，到上海后入乡随俗，与同学用同样称呼。但到 60 年代后，似乎只剩下叔叔、阿姨了。

文物与国宝

馆藏文物是否太多了

据新华社报道，我国馆藏文物已达1200万件，且有相当部分破损严重。而目前从事专业文物修复的人才约400人，如果依照国际通行的文物修复标准，以每位修复师每月修复一件文物计算，仅轮修一遍现有的1200万件馆藏文物就需要至少2500年时间。

看到这篇报道，我真为如此多的馆藏文物担忧：2500年！相当于历史再从战国时期开始一次。但等到2500年后最后一批文物得到修复时，现在修复的文物还能完好吗？其中一部分肯定已经等不及了。而且这还不包括在这2500年间不断出土或发现的，正如报道中提到的，仅从景德镇发掘得到的10多吨瓷器残片中，就整理复原出3000多件官窑瓷器，超过世界上所有博物馆同类馆藏文物的总和。

看来如果我们不想让馆藏文物从此毁损，只有一种办法：大规模培养专业修复师，如将现有的400人扩大100倍，达到4万人，以便在25年内将现有馆藏文物全部修复一遍。而且与此同时，还得停止一切新的考古发掘，以免馆藏文物继续大量增加。

但仔细一想，显然办不到。要培养出4万名合格的修复师谈何容易！等于要让现有的修复师每人培养100名，即使修复师都有这样的本领，他们也不能完全停止正在做的工作呀！何况修复师的工作完全是为了保护文物，不会产生直接的经济效益，所以维持这些人员需要大量经费。而且据我所知，如果真的将馆藏文物修复，现有的馆藏条件根本满足不了保管要求，有的博物馆或文物部门连堆放的库房也没有。现在常常见到这样的情况，放在橱窗里或展台上的文物被冠以"国宝"，出尽风头；而大批同类文物只能堆在库房中，甚至在露天场地，因保管不善，或缺乏合格的保管条件而造成的文物损毁、被盗时有发生。用有的文物工作者的话来说："放在外面当国宝，到了里面不如一棵草。"另一方面，即使主动停止一切发掘，在基建工地或日常生活中都可能出土或发现文物，这些文物往往更需要紧急修复。但实际情况是，即使不考虑修复，往往连临时放置的地方都没有。在三峡考古发掘工地，发掘和保管部门就经常为如何存放出土文物发愁。

如果继续无视如此尖锐的矛盾，墨守陈规，无所作为，听任这种现象长期存在下去，实际是对国宝不负责任，而且直接导致大量国宝得不到及时抢救、维修和收藏。严格地说，僵化地维持现行政策，只是一种"保护性慢性破坏"。

当然，以我们这样一个历史如此悠久、文化如此灿烂、疆域如此辽阔的文明古国，上千万件文物不能算多。但与现有的馆藏条件和文物修复人员相比，这些文物的数量的确太多了，何况在可以预见的将来，还没有改善的办法，而新出土和发现的文物又在源源不断地增加。所以我认为，根本的出路还是我曾经多次建议的——藏宝于民，即允许法人或公民合法地拥有文物的保管权。

简单地说，就是国家收藏最高级别、最珍贵的文物，而将其他级别较低文物的保管权用拍卖或有偿转让的方式出售给法人或公民。文物的保管权可以再拍卖、出让、继承，但必须向文物管理部门办理登记手续，也不许出口。如发现保管不善，或丧失保管能力，文物管理部门可依法收回。

这样做，与文物属于国家的法律并不矛盾，就像土地属于国家，但法人或公民可以获得使用权一样。即使有人会因再出让保管权而获利，但对文物本身是不会有任何损害的。而且无论是为了获利，还是出于对文物的爱好，或是专业研究或教学的需要，保管者对文物都会悉心保护，对保管的条件会尽力优化，文物得到的待遇肯定会比现在好。

由出让保管权获得的巨额资金，既可以用于改善现有博物馆和文物部门的工作条件，也能较大幅度地提高有关研究和工作人员的待遇，还能扩大包括文物修复专家在内的专业人员，必要时还可用于组建文物警察，保障文物的安全，打击破坏文物的犯罪活动。

同时也可以用我国富余的同类文物交换其他国家的文物，作为第一步，可以短期或长期地交换展览，待条件成熟、积累经验后再考虑永久性交换。现在我国的博物馆中一般看不到外国文物，不利于公民全民了解人类文明和世界历史。也可用于交换以往正常流出中国的文物，促成国宝还家。

确立文物的合法保管权

据新华社北京 9 月 27 日电，我国今年将下大力气整顿和规范文物市场。电讯列举了文物市场多年来存在的大量问题：如文物监管市场审批把关不严，监管不够有力，造成市场过多过滥；许多经营者违反国家规定，倒卖国家禁止流通的文物，或以假乱真、以次充好；文物走私现象愈演愈烈等。这些问题不仅扰乱了正常的文物流通秩序，直接损害人民群众的利益，而且客观上进一步诱发了盗掘古墓、古遗址等文物犯罪活动。

根据我平时的了解，问题恐怕更为严重。某些地区的盗掘活动已经发展到武装化、公开化，由于得到当地政府或实权人物的默许，实际已经半合法化。珍稀文物不断在海外现身，频频出现在世界著名的拍卖名单上，海外某些文物贩子甚至敢接受客户的预订，说明走私贩私已经何等猖獗。我在一些古迹或遗址附近都遇到过公然兜售文物的贩子，有的公然声称有刚出土的，或者可以根据你的要求去挖，据说连前往视察工作的文物局长也亲历过这样的场面。

当然，我们希望这次整顿能有成效，但从文物市场的现状和文物保护存在的矛盾看，仅仅靠整顿和规范是不能解决问题的。

根据国家文物保护法，一切出土文物都应归国家所有。不用说不能盗掘，就是偶然发现的文物也应该无条件地上交国库。但中国历史悠久，古代文化发达，地下的文物不计其数，在一些文物大省，百姓耕田取土、建屋修坟，甚至随便在地上踢上几脚，都可能发现文物。很难想象，百姓能自觉地将获得的文物上缴。要是不上缴，该由谁管呢？公安局还是文化局、文管会？实际上除非出了大事，谁也不会管，也管不胜管。流散在民间的大量出土文物总要寻找出路，于是文物贩子应运而生。既然形成市场，谁给的价高就卖给谁，通过走私卖往能给高价的海外客户也就不足为奇。

文物保护法也规定对主动上缴的应该给予奖励，但出土文物是如此之多，地方政府和文物部门根本支付不了最起码的奖金，更不用说与海外客户给的价格竞争。一位省文物局长告诉笔者，要是真有人拿了出土文物来领奖金，我们全年的经费拿出来都不够。强烈的反差不仅使出土文物源源不断地流入黑市，而且往往造成文物毁灭性的破坏。如有人掘到文物后一时出不了手，又不愿无条件上缴，不惜将金印熔成碎金，将青铜器砸成废铜出卖。

另一方面，传世文物又可以合法地收藏和买卖。理论上说，传世文物与出土文物的界限是清楚的，实际却不然。因为传世的文物中，相当一部分原来也是出土的。除了极少数明确见于前人记载或有明显的归属（如必定出土于某陵墓或某遗址）外，绝大多数并没有明确的来源。在大多数情况下，两者只有出土时间长短的不同，例如传世的甲骨和青铜器一开始几乎都是出土的。一件出土文物只要流入市场，收购者就可以作为传世文物购买或继续流通，被认定为出土文物而追回的可能性微乎其微。

还必须正视这样的事实：一方面是国内外的文物市场有巨大的容量，爱好文物又有收藏能力的机构和个人得不到满足。另一方面是国家的文物部门和博物馆内文物堆积如山，保管无力，经费有限，能够进行展览和研究的比例极低，有的甚至只能听其自然损坏。我曾不止一次听到文物工作者抱怨，按照现有的人员和经费，他们连为文物编目录都来不及，哪里还谈得上保管、展览和研究？加上文物工作者的合法收入很低，一些人的职业道德难以保证，疏于保管，公私不分，化公为私，故意低估，为盗掘和走私开方便之门的现象在所难免。

我以为，要解决这些矛盾，根本的出路是修改国家文物保护法，将文物的所有权和保管权区别开来。同时制订切实可行的条例，保证文物保护法的实施。

我国的土地都归国家所有，但公民和法人可以合法地拥有土地的使用权。文物同样应该如此，国家对一切符合条件的文物拥有所有权，同时公民和法人可以通过购买、继承、转让或奖励获得文物的保管权。这样，文物的合理流通就有了法律依据，保护文物的责任也可以由政府、法人团体和个人分担。具体的建议是：

取消出土文物与传世文物的界限，凡经国家授权的专门部门鉴定合格者都确定为文物，发给等级证书，文物的所有权都归国家。从规定时限起，一切新出土文物都要经过鉴定才能流通，传世的文物可在一定期限内陆续完成这项手续。若干年后，中华人民共和国境内的全部文物都要具有等级证书。不属于文物范围的作为商品自由流通，不受文物法的限制。

除了必须由国家收藏的特级文物外，出土文物的发现者可优先拥有保管权，鉴定登记后发给证书。保管权可以在国内合法转让、赠予或继承，收取转让费。公民和法人可以购买保管权，国家收取文物鉴定费，并按比例征收文物转让、赠予或继承税。其中部分税收可用于给发现特级文物者颁发可观的奖金。传世文物也应在一定的年限内完成登记发证手续。

国家收藏的特级以下文物，除保留一定数量供展览和研究之用外，都可公开拍卖保管权，供公民和法人购买。其收入既可用于改善文物部门的收藏和展览条件、提高文物工作者的生活待遇，也可用于组织专业警察，保护文物，打击盗掘与走私。实行藏宝于民，既能使更多的文物发挥鉴赏、教学和研究的作用，也能防止在特殊情况下文物因过于集中而毁于一旦。

以往国家新建的博物馆往往只能用行政命令的办法向地方博物馆或文物部门征集文物，实际都是无偿调拨。但现在行政命令不灵了，不但再也不能用这种方法无偿取走地方上的馆藏文物，而且不少历史上的归属纠纷陆续浮现。近年来，一些经济实力强劲的沿海城市新建了不少博物馆，一部分高等院校或企业也有建博物馆的计划，可是有些投资上亿的博物馆只有空空的展厅。而西部一些博物馆库房中物满为患，却连日常的维持经费都不够。如果文物的保管权可以有偿转让，这一矛盾就能迎刃而解，而原来永无天日的大批库藏文物就能发挥应有的作用，文物大省也不难拥有巨额经费，使文物事业得到良性发展。

这样做会不会导致对文物的破坏呢？这种担心是多余的。无论是法人还是个人，花了一大笔钱买来了保管权，对被保管的文物肯定会倍加珍爱。即使是出于升值的目的，也只有善待文物，才能获得更大的利益。在文物数量有限的条件下，被展览和研究的机会也会比较多，文物发挥的作用必定比原来更大。当然也可能有个别人缺乏文物保管的常识，或者不具备保管文物的条件，但这完全可以通过事先核查申请保管人的资质来解决。对一些高级别文物的保管情况可定期进行检查，发现问题可及时督促保管者整改，直到依法收回文物的保管权。

对特级以下文物的出口实行许可证制度，由获得授权的文物部门会同海关核发，坚决打击文物走私，但对正常的出口和文物交流应该提供方便。中国文物是世界文化遗产的一部分，适当在世界流通无疑有利于弘扬中国文化，提高中国文物的地位。在旧中国，文物被帝国主义和国内外奸商掠夺和盗卖出国，其中一些文物受到了不可弥补的创伤，甚至因此而被毁坏。这些年来疯狂的盗掘和走私又使不少文物流落海外，一些古墓遗址再次惨遭浩劫。但未来正常的文物出口和交流完全是两回事，这将在文物部门严格控制下有序进行，以满足国外的文物部门、博物馆、其他法人或个人的需要。世界各地的博物馆中都能看到中国文物之日，也就是中华文明普及于世界之时。而且，由于正当的购买和交流渠道畅通，价格趋于合理，国际走私就有可能得到阻遏。我们还可以要求外国的机构和个人配合，不收藏和购买没有许可证的走私文物，进一步打击走私。我们也会有充足的经费，全面调查流失在外的中国文物，并收回一些特级文物。

对"国宝工程"的希望

最近，抢救流失海外文物专项基金发布《"国宝工程"宣言》，宣告该工程正式启动。据报道，"国宝工程"是抢救流失海外文物专项基金为实现国宝回归而提出的全面、系统、长期的社会工程。"国宝工程"的启动，将广开国宝回归之路，促成国宝不断回归，从而实现中国人民的百年夙愿。(《人民日报》2003年7月6日第2版)

这是我们盼望已久的盛事，因而也要提出几点希望。

我以为当务之急是要从保存有流失海外中国文物最多的国

家和地区着手，进而普及全世界，认真如实地调查、登记每一件中国文物，编制成目录后公诸于世。这份目录应该包括文物的名称、规格和特征、等级和意义、流出中国的经过、目前的保存和收藏情况等等，一时无法落实的项目可以暂缺。目录还应该包括附录，即明确肯定流出中国而目前还不知去向的文物清单。

据我所知，日本政府曾投入巨资，资助学者全面调查流入欧洲的日本文物。对留存在中国的日本文物的调查，日本文部省也曾立项资助，我曾多次去日本参加过有关的研讨会。中国流失在海外的文物比日本在外文物更多，影响也更大。但迄今为止，还没有听说有这样全面系统的调查和编制计划，因此究竟中国有多少文物流失海外，特别是如何流失的，不仅公众不知道，就是有关专家也心中无数。以至动不动有什么"国宝""惊现"，或者连自己都讲不清某一"国宝"的价值及其流失经过。这项工作肯定要花很长时间和大量经费，但与购买一件"国宝"动辄数千万以至上亿相比，应该不成太大的问题。

但这项工作也是紧迫的，因为无论在中国还是外国，直接经办这些文物出入（无论是合法的还是非法的）的人已经屈指可数，了解这些文物的流传过程的人也越来越少。由于这些文物大多是非正常流出中国的，在国外往往已几经易手，目前的主人未必了解其来历和价值，而一旦口头线索断绝，或许就会永远销声匿迹。目前有资格有能力对这些文物进行鉴定的老专家已成凤毛麟角，而文物鉴定需要大量的实践经验，年轻一代不可能在短期间达到他们的水平。因此，时间越晚，进行的难度越大。

有了这份目录，我们就能根据这些文物的价值和意义，分别等级和目前状况，有计划有选择地促成"国宝"还家。应该承认，中国流失在海外的文物数量极大，价值悬殊。即使是被八国联军或帝国主义军队直接抢劫去的文物，也不能一概称之为"国宝"。近年来，无论海外出现什么文物，国内的传媒往往不加区别都尊为"国宝"，其实有些是够不上格的，有的只是很一般的文物。但学者碍于政治、感情或舆论压力，往往不愿或不敢纠正。如果什么都能当"国宝"，实际上反而降低了真正的国宝的地位。还要防止有人肆意炒作"国宝"，或奸商利用国人的"国宝"情结牟利，或个别专家丧失人格，滥用鉴定特权，造成国库或基金不应有的损失。

当然由于文物的情况极其复杂，有的文物已知的信息很少，调查和著录时不可能非常准确。而且随着情况的变化，如同类其他文物的失传，某类文物价值的提高等等，有些文物的等级和价值会发生变化。但无论如何，有了这样一份目录，就大致查明了海外中国文物的家底，不仅能随时监控这些文物的变化，防止它们继续毁损或消失，也能在很大程度上防止有人利用"国宝"进行欺诈。并能根据轻重缓急实施"国宝工程"，争取以最小的代价达到最大的效益。

有了这份目录，我们还能根据这些文物流出中国的具体情况和过程，区分哪些属于正常的文化交流，哪些属于帝国主义的掠夺，哪些在当时历史条件下属于合法出口，哪些即使在当时也属非法。在此基础上才能确定，哪些应该理直气壮地要求收回，哪些只能尽可能争取，哪些需要找机会购回，哪些应该协助外国的机构和个人妥善收藏。即使是国宝，也不是都应该回家的。

国宝如何回家

"国宝回家"是近几年的一个热门话题，但从媒体上言论和有关报道看，一些人对此还存在不少误解。

什么是流失海外的国宝

经常看到某一"国宝""惊现"海外某地的报道，仔细读后，往往发现只是一般性的中国文物，离"国宝"的标准差得很远。

当然，广义国宝可以泛指一切中国文物，因为它们都是中国文明的构成部分。但具体地评定某一件文物是否够得上"国宝"的资格，就得有一定的标准。国内由国家收藏的文物或新发现的文物，都是经过鉴定，确定过级别的。但流失在海外的文物却没有经过这一手续，其中原来就有资料或著录的还好办，如果没有，就只能由个别人说了算。由于受到商业炒作、"爱国"情结、感情因素和资讯不全的影响，往往会将这类文物的价值高估，轻易称为"国宝"。

其实，就文物本身的价值而言，在国内与在海外不应有什么区别，不能因为流失海外就提高了身价，不能将流失海外的文物一概称为"国宝"，也不能因为是被帝国主义抢走的就必定要列为"国宝"。现在，"国宝"一词在国内已经用得有些滥了，希望不要扩大到海外。否则非但不利于真正的国宝回家，还会给奸商骗子以可乘之机，使我国不得不付出成倍的代价。

国宝是如何流失海外的

目前虽然没有确切的统计，但可以肯定，流失海外的中国文物数量很大，但情况却相当复杂。大致分析，不外乎豪夺巧取和正常流传两类。

豪夺就是外人依仗武力或政治特权从中国强行抢劫，或违反中国法令盗运出境的。如英法联军从圆明园、八国联军从北京、日本侵略军从被占领的中国领土掠夺的文物；西方列强利用政治特权，公然违背中国法令，或者勾结贪官奸商，将中国文物盗运出境。如唐太宗昭陵著名的"六骏"之二，就是在美国人的重金收买下，由奸商岳彬将整块石雕砸成碎块后盗运出去的。

巧取则是利用了中国法制不健全的漏洞或法律的盲区，利用当时国人缺乏保护文物的意识和某些人的愚昧无知、贪图小利，或者依仗雄厚的资金，从中国购买，并合法出口。例如，斯坦因等人从敦煌莫高窟的王道士手中"买"去了大批珍贵的文书和艺术品，但当时的清朝政府并无保护此类文物的法令，既没有给王道士定罪，也没有采取任何法律措施追回。又如，著名藏书家陆心源的藏书是他的儿子卖给日本人的，是公开的交易。当时有人想以收购来阻止这批珍本出境，却因财力不足而失败。晚清和民国期间，外国一些机构或个人一直在北京等地大量收购中国古籍，不少珍本秘籍因而流出。但当时政府并未加以限制，那就怪不得别人了。

中国悠久的历史、发达的古代文明、灿烂的民族文化，使中国的文物自古以来就受到世界各国的爱好，其中一部分还是当时的政府和民众主动输出的。例如，自秦汉以来，朝鲜、越南、日本、东南亚等国家和地区无不以获得中国文物为荣，不断通过各种途径输入中国的商品和文物，中国历代王朝也通过"赏赐"、互市等办法输出中国商品和文物。当时的一般商品如果能保存到今天，都已是珍贵的文物了。如在日本福冈出土的东汉金印"汉倭奴王印"，已被日本奉为"国宝"，如果在中国也应属国宝了，但这完全是正常流入日本的。又如，唐、宋、元、明、清和近代都有大量中国瓷器通过正常的贸易输出，其中的珍品和早期制品今天早已进入国宝之列。近代还有一些外国汉学家或钟爱中国文化的人收罗了大量中国文物，并合法地出口。一些华人移民海外时带走了他们珍爱的文物，在国际交往中一些文物被作为公私礼品赠送给外国人。这些都属于正常的文物流传。

并非所有的国宝都应该回家

显然，在上面两种类型中，豪夺巧取是违背中国人民意愿的，并且给中国的文物造成了不可弥补的损失。但两者又有所不同，豪夺是公然抢劫，是战争掠夺罪行，是任何文明社会所不容许的。对这一部分文物，只要证据确凿，就应该理直气壮地索回。一时无法索回，也要持之以恒，争取舆论和道义的支持。对被巧取的，就只能承认现状，至多只是在财力许可而对方又愿意出让时适当购回。更重要的是记取这些惨痛的教训，加强对现有文物的保护，防止出现新的巧取。

对国家之间正常的文物交流，就应该有一种宽广的心态。一个国家的文物能出现在世界各国，能够受到各国的机构或个人的重视和收藏，本身就说明了这些文物的价值。这些文物就像中国的文化使者，也像中国文化嫁出去的女儿，已经在外国落地生根，成为人类文明的一部分，这是中国文化和中国人民的光荣。它们在国外流传有利于中国文化的传播，不少外国人就是通过这些文物认识中国文化的博大精深。它们当然不应也不必回家，或者可以通过展览的方式短期回娘家，或者通过复制、出版、上网等方式供国人了解。在一个开放的世界，今后这类交流还会增加。

一个国家的国宝未必只能收藏在本国，被外国人收藏也不都是坏事。日本明治维新后，汉籍与汉文文书一度被视同废纸，以随员身份出使日本的中国学者杨守敬独具慧眼，大量收购，或以中国数量颇多的碑帖和本人书法去交换，及时运回国内，其中既有在中国早已散佚的珍本秘籍，也有日本平安时代（相当中国唐朝）的文书，其中不乏日本国宝，如有一件光明皇后用小楷抄写的佛经异常精美。当我陪同日本学者观赏这件文书时，他们叹为奇迹，久久不愿离开。在一次研讨会上，我向日本学者指出：当年要是没有杨守敬的收藏，这些日本国宝早已化为乌有，杨守敬是保存日本国宝的功臣。

应该承认，在中国也发生过这样的情况。近代以来，来华的传教士、商人、外交官、学者、汉学家和普通游客中，都不乏一些对中国文化和中国文物有特殊兴趣的人，有的甚至将收集中国文物当作毕生的事业。有些文物在那时并未引起重视，或者尚未被鉴定确认，或者当时数量尚多，但经过历年的天灾人祸，今天在中国可能已不存在同类文物，由于他们的收集和珍藏保全了这些国宝。如今在欧洲一些图书馆中收藏的明清时的手绘地图，大多就是当年传教士带回去的，而国内的类似地图已成凤毛麟角。如浙江绍兴一种方志《越中杂志》国内早已失传，而美国一家图书馆中却有收藏。对外国的"杨守敬"我们不能采用双重标准，也应该肯定他们为保存中国国宝所做的贡献。这类流落海外的国宝，既是中华民族永久的伤痛，也是我们应该世世代代记取的教训，更重要的是要防止类似的现象再次发生。

慎言"不惜一切代价"

1970 年 11 月 14 日，联合国教科文组织第十六届会议通过了《关于禁止和防止非法进出口文化财产和非法转让其所有权的方法的公约》，到 2000 年，包括中国在内的 91 个国家签署了这一公约。1995 年 6 月国际统一私法协会在罗马召开的外交会议上通过了《关于被盗和非法出口文物的公约》，包括中国在内的 70 多个国家参加并签署了公约。中国签署本公约绝不意味着承认发生在本公约生效以前的任何从中国盗走和非法出口文物的行为是合法的，中国保留收回本公约生效前被盗和非法出口的文物的权利。根据这两项公约，我国已经成功地追回了近年被盗的一些国宝。但由于 1970 年公约没有明确的追溯力，也缺乏约束力，具体实施还有很多困难，所以不能指望被劫被盗的国宝都能顺利收回，在公约制定前被夺国宝的回家之路更遥遥无期。但无论如何，对这类国宝是不需要、不应该花钱收回的。

但另一方面，对大量不属于公约范围内的国宝，即被"巧取"及正常流传在外的国宝，或者虽被"豪夺"但证据不足或无法举证的国宝，就只能选择最重要的，在适当的条件下购回，如通过公开拍卖，或私下谈判交易。既然是一种商业行为，就应掌握时机，争取最低价格。现在有人动辄声称"不惜一切代价"，动辄投入数千上亿资金，似乎只有买回来了才算爱国，或者付的钱越多"国宝"的身份越高。这样做既不策略，也无必要，只能炒高价格，让中间人获取暴利。即使将来中国成了富国，也不可能买下全部在外的国宝。一般来说，这类国宝的安全并不存在威胁，至多只是收藏者的变化。一时没有财力，或者条件不成熟，暂时不买也无妨。就是要买，也完全可以通过代理人低调处理。

从历史地理看地域歧视

地域歧视的现象由来已久。齐国的晏婴出使楚国，楚王当着他的面说齐人"善盗"（喜欢偷东西），虽属故意羞辱，但也说明当时已存在地域歧视。如此说来，地域歧视至少已有二千几百年的历史了。

地域歧视产生的前提是地域差异，即不同区域间因种种原因存在着差异，如在生活方式、生产方式、思想意识、风俗习惯等各方面既有发达程度的不同，也有价值观念和习惯方面的不同。在这些差异中，以物质为主的方面有一定的客观标准，但以精神和观念为主的方面更多的是主观标准。例如中原的儒家从先秦时就强调"华夷之辨"，歧视边远地区的少数民族。当时少数民族的发展水平的确落后于华夏诸族，但华夏人在精神上的优越感却只是一种虚幻的自信，并没有得到少数民族的认同。

随着不同区域间人口的流动，相互间的文明或野蛮、贫穷或富裕、先进或落后就会显现在对方面前，而相对野蛮、贫穷、落后的一方一般处于弱势地位。尽管流动人口只是当地人口的一部分，但由于外界只与他们接触，对他们的印象也就成为对当地全部人口的印象，所以一个地方外迁或流出的人口的形象往往会成为整个地方的形象。例如北宋南宋之际，大批河南人随宋室南迁，由于这批河南人中包括了皇族、高官、名流、巨商、富户，在南宋首都临安（今杭州）举足轻重，杭州人非但不敢歧视，还学着说河南话，以至今天的杭州方言还带北方味。但到大批河南人因天灾人祸四出逃荒时，讲河南方言的人就成为被歧视的对象。

应该承认，贫穷和落后，特别是长时期的贫穷和落后，的确会造成当地人群的素质下降，滋生种种劣行恶习，甚至形成根深蒂固的习惯，反映在底层贫民中往往更加严重。自古以来，一个地方的人受到歧视，基本上都是发生在这一地区由盛转衰、由富变贫、由中心而边缘之后。当河南处于"天下之中"，农业发达，商贾云集，洛阳、开封拥有首都或陪都地位，其他地方人既不会也不敢歧视河南人，还以能成为河南人为荣。今天全国不少家族都自称祖先是河南人，就显示了河南曾经具有的无与伦比的地位，其实其中不少人根本不是河南人，或者是从外地迁入河南，从此再也不提真正的祖籍。但宋代以后，河南日益衰败，到明清人的笔下，河南人已开始成为批评或嘲笑的对象。近代以来，河南更经常与"水旱蝗灾"连在一起，河南人的优点往往被遮蔽了。

文化的传播离不开人与人之间的接触和联系，在人口流动少、信息传播慢的条件下，优点和恶习的传播一般局限于同一地区，形成当地的文化特征。而这种特征一旦形成，就会长期存在。如经济上已经摆脱贫穷，但因贫穷形成的习惯还会延续相当长一段时间。同样，外界对当地的了解也会滞后，即使当地情况变了，原来的看法也不会轻易改变。

所以，要消除地域歧视，首先应注意缩小地域间的差异，特别要促进贫困落后地区的发展。其次，要在人口自由流动、信息充分交流的基础上，改变相互间片面、主观、滞后的认识。政府必须在法律上保证每个公民的平等权利，媒体要作客观、全面的报道，注意引导。对被歧视的对象而言，一方面要理直气壮地维护自己的权益，另一方面也要正视自身的缺点，自尊自强。

中国饮食的另一面

记得季羡林先生曾写过一篇短文，称德国的厨师为"工程师"，只能按食谱制作，哪种材料放几克，哪种调料放几克，烤几分钟。而中国的厨师却全凭感觉和手法，菜放在锅里抖几下，炒多少时间，放多少调料，口味多重得按不同的原料、不同的搭配和要求灵活掌握，名厨可达随心所欲的地步，所以称得上是"哲学家"。

我参观过德国人家的厨房，可以证明先生所说完全是事实。他们的厨房中少不了三样东西：一本食谱（当然也有经验丰富者可以不用）；一台天平或电子秤，以便随时按量配料；一只闹钟，以便精确控制时间。德国人即使不是专业厨师，当不了工程师，当个技术员也绰绰有余。尽管现在一些中国家庭装修精致的厨房中也备了这三样，但很少有人会像德国人这样讲究精确计量，所以连技术员也当不了。而有经验的厨师是不需要这些东西的，在餐馆酒店的大厨房中似乎也没有配备的必要，中国的名厨的确像哲学家。

不过不要以为这就是中国饮食的优势，尽管季先生的文章没有点破，却是不言自明的：工程师人人可当，至少可以学着当，而哲学家是少数人的专利，大多数人是当不了的，想学也未必学得成。

事情总有两方面，中国饮食当然也是如此。但不知什么原因，诸多谈中国饮食的文章或著作却极少涉及它的另一面。即使提到，也是轻描淡写，点到为止。而且在介绍外界的反应时，总是只说外国人如何欣赏，如此赞叹，如此欢迎，又如何吃得洋相出尽。但根据我有限的见闻，外国人并非都喜欢吃中国饭菜，愿意吃的人也不是样样都喜爱，还有直率的批评，如嫌中国菜太油腻，放味精，营养不全面，太注重形式，采用的"山珍海味"破坏环境，某些菜的做法虐待动物、不人道（如强调"活杀"、"活剥"，端上餐桌的鱼眼珠还在动）。

　　当然我们也可以说，这些洋鬼子不懂中国文化，没有福气享受中国的珍馐佳肴，或者说谁稀罕你们，中国人自己吃还不够呢！这不是笑话，我幼时就听大人讲，外国人见中国人吃汤圆，感到不可思议，中国人是怎样将馅放进去的呢？"文化大革命"中听形势报告，说尼克松访华时见到爆米花，一把米爆成一大堆，觉得真是好办法，说要介绍给第三世界解决粮食问题。以后有机会出国，才知道不少国家都有类似汤圆的食品，有馅的食品哪个国家没有？而美国人不但也有爆米花，而且比中国还爆得好，爆得方便，尼克松大可不必介绍中国经验。而且，营养可以有客观标准，口味只能凭主观判断。臭豆腐、榴莲、奶酪、泡菜、鱼子酱、生鱼片、生牛血、炸蚂蚁、鼠肉干，爱者嗜之若命，忌者避之犹恐不及，绝不可能有一个统一的标准。所以如果是对外国人说中国饮食的话，那就不能只考虑自己的爱好和习惯。

　　即使对自己而言，我们也应该明白，中国饮食的优点也正是它的短处。最有代表性、口味最好，或者说最能体现中国饮食文化精髓的饭菜，必定需要专职厨师（或者是受过专业训练并积累长期经验者）和助手、特殊规格的原料和调料、专用的环境、设备和餐具、较长时间的准备和现场及时的烹调和同步服务。显然，这不是现代社会的大多数人经常能享用的，也不是只要具备同样的原料就能制作出来的。自然，它的博大精深的无穷魅力也不是凡夫俗子所能体会——试想，世上有几个人有这样多的机会？

先师季龙（谭其骧）先生曾与已故唐振常先生谈及唐氏能成为美食家的条件：从小有吃——出身大官僚富贵家庭；会吃——亲友中有张大千等美食家；懂吃——毕业于燕京大学，有中西学根柢；有机会吃——当记者游踪广，见的市面大，吃的机会多。唐先生闻言大笑，深以为然。国内称得上美食家者，大多有其特殊经历或优越条件。

我想外国也应如此，所以有些国家只有营养师，而出不了美食家。或者虽有，却不能与中国美食家同日而语。营养师在中国饮食中一般不会有用武之地，对有资格和机会天天体会中国饮食文化的人，最关心的是饮食是否安全，有没有被人下毒，有没有致癌致病物质，至于烹调过程中没有充分利用营养或破坏了营养，或者营养搭配不合理，对他们毫无意义——他们本身哪一种营养都过剩，巴不得吃些只有味道没有营养的东西。可惜东西方的文化交流开始得太晚，否则，罗马帝国的呕吐剂一定会在中国汉代就流行于高层。

我看过一则报道，陈云晚年的食谱是由他的夫人、著名营养学家于若木制定的，每天都是若干克瘦肉、豆制品、蔬菜和粮食。他的厨师对中国饮食文化领会再深、技艺再精，也无法将中国饮食的传统发扬光大，或者创造出什么名菜名点。

不是说青菜豆腐都能成为名菜，菜根也能煮香吗？我想那是为吃惯了山珍海味的人换口味，为脂肪过多的人减肥，为营养过剩的人消食，为闲得发慌的文士清客找话，为炉火纯青的名厨找露一手的机会。经历过"三年自然灾害"的一代还记得那卷心菜老叶、豆腐渣的味道吗？当时的名厨、雅士为什么不展示一下中国饮食文化的风采呢？

看来，结论只能是：中国饮食的精华属于阔人、贵人、富人、闲人和少数与他们沾得上边的雅人。

其实，哪种"高雅"文化不是如此！

徐霞客、朱载堉与郦道元

　　徐霞客（弘祖）是明末江南名流，如今是世界闻名的中国古代旅行家、探险家和地理学家。但徐霞客的成就却来自人生道路上的一次重大挫折——年轻时在科举考试中失败，要不，他完全可能成为一位称职的官员，但中国和世界就会失去这样一位旅行家，因为他不可能再随心所欲地安排自己的旅行计划，全身心地投入探险和写作。与徐霞客差不多同时的王士性在地理学方面的成就比起徐霞客来毫不逊色，但王士性作为一位官员，只能利用公余进行考察和著述。尽管他的游踪也很广，却只限于自己任职的地方。

　　但徐霞客又是非常幸运的。首先，他有一位开明的母亲。非但没有强迫他继续走学而优则仕的道路，而且鼓励他"志在四方"。她亲手为徐霞客做了一顶"远游冠"，以壮行色。为了消除徐霞客离家远游的顾虑，她以 73 岁高龄与徐霞客同游宜兴两个岩洞。其次，徐家颇有资产，衣食无忧，不必依赖徐霞客创收谋生，所以他可以放心地带上旅费和仆人长年外出。再者，当时对读书人的优待和尊重也为徐霞客提供了种种便利，他以一介布衣可以得到一些地方政府的资助，享受本来只有出差官员的待遇，还得到不少官员和地方名流的热情款待。更幸运的是，他的"奇书"经历明清易代的战乱，奇迹般地保存下来，在他死后 135 年得以出版流通，并在他逝世 287 年后得到科学家丁文江的高度评价，引起地学界的广泛注意。

这些条件中缺少一点，就不会有今天我们心目中的徐霞客。

对朱载堉的名字一般人比较陌生，但此人在世界音乐史上却拥有崇高的地位。这不仅是因为他终身从事学术研究，所著《乐律全书》47 卷是包括乐、舞、律、历学十多种著作的百科类专著，而且他是新法密率（即十二平均律）理论与计算方法的首创者。他首先提出的十二平均律的等比数列原则，以及解决管口误差问题的"异径管律"的方法，除了音乐本身的意义外，也是 16 世纪世界声学研究的重大成就。如果当时已设立诺贝尔物理学奖，他很有可能成为获奖者。

朱载堉出身于明代宗室，是郑恭王厚烷的长子。按照明朝制度，他应被立为世子，袭封王爵，终身享受荣华富贵。但不幸青年时就遭遇变故，他的父亲无罪而遭禁锢。这使他愤而放弃王子生活近 19 年，却使他能潜心研究，奠定了深厚的学术基础。所以在朱厚烷复爵，他以世子身份重入王宫后，继续从事研究，晚年更推辞王位，以著述终老。

但从另一方面看，朱载堉又是相当幸运的。为防止亲王、宗室争夺皇权，干预政治，明朝对他们的限制相当严格，既不能当官，也不许从事其他职业。同时给予优厚的俸禄，供养终身。像他这样的近支宗室，如果不是想在锦衣玉食、声色犬马中度过一生，就只有在学术、艺术、工艺中寻找价值。要是他生在其他朝代，或许会成为朝廷股肱、高官权贵，或许会成为"八王之乱"式的权力斗争的牺牲品。如果他有幸被立为皇帝，或许就是另一位宋徽宗、李后主。不过，如果他不是近支宗室，肯定不会有那么好的研究和出版的条件，即使有那样的成果，也未必能流传至今。

古往今来，具有各方面天赋的人何止千万！但即使是超级天才，往往一辈子也没有表现的机会，泯然众人，老死沟壑。最终获得成功，并能给后世留下具体成果的人却屈指可数！这不能不引起无限感慨。

但无论是徐霞客还是朱载堉，或者是其他成功者，他们都没有在不幸面前低头，幸运才会向他们招手。晚明的江南，拥有徐霞客那样境遇的人并不少。明朝数千上万王子、数十万宗室大多饱食终日，或骄奢淫逸，或无所事事，朱载堉式的人物寥若晨星。从这点看，天时和地利固然重要，起决定性作用的还是人，还是自己。

报刊上常见有人说郦道元是《水经注》的作者，其实，《水经注》是郦道元对《水经》一书所作的注释，他直接或间接地引用了当时流传的数百种有名和佚名的著作，这些文字构成了《水经注》的大部分。由于当时南北分裂，郦道元作为北魏一名耿直而尽职的中高级官员，多数时间忙于公务，能够亲身经历和考察的地方是有限的，对无法到达的地方都是依靠他能够收集到的文献资料。所以《水经注》的丰富多彩的内容和瑰丽传神的文字，反映了公元6世纪时中国地理学和文学所达到的水平，但郦道元绝不是《水经注》全部文字的作者。

这样的误解由来已久，以至以往在中学语文课本选用《三峡》一文时，也误将作者定为郦道元。以后经学者指出，已改为盛弘之，因为这段文字引自盛弘之的《荆州记》。

指出这一点，丝毫不影响郦道元的杰出成就。选择这些文献资料是他辛勤收集的结果，也显示了他敏锐的眼光和卓越的判断力。这些原著的绝大多数今天已经不复存在，所以要是没有郦道元转录入《水经注》，我们就不可能了解、阅读和欣赏。而且也不能排除郦道元在引用时做过文字加工的可能性。但无论如何，这与郦道元本人的作品是有区别的。

希望对《水经注》和郦道元的这一误解不要再延续下去。

第五章　现实感怀

人物春秋

钱永健与钱学森

我对国际科学界的人物了解甚少，钱永健的名字是前几天刚听到的。我想，绝大多数中国人大概与我差不多。但第一次听到钱永健的名字，——当时报道他很有可能获得今年的诺贝尔化学奖——并且与钱学森连在一起，将他称之为"钱学森堂侄"。

到了今天，诺贝尔化学奖的评选结果正式发布，国内媒体也毫无例外地将他冠以"钱学森堂侄"，有的还要给钱学森加上"中国导弹之父"的头衔。

看了钱永健的经历，方得知钱学森这位堂侄出生于美国纽约，一直在美国生活、求学和工作。钱学森是1955年回国的，那时钱永健才3岁。而且钱学森回国前已受美方监禁限制，显然不会对这位堂侄有什么影响。回国后，钱学森从事的是绝密的国防科研，加上中美之间的特殊关系，与这位堂侄之间更不会有一般叔侄间的交往。从他们的直接关系来说，中国的"导弹之父"与钱永健的获奖风马牛不相及。

据报道，钱学森与钱永健的父亲是同一位祖父的堂兄弟，并且都毕业于交通大学。在中国旧时的大家族中，这样的亲族关系不知有多少。

强调这样的关系能说明什么呢？无非证明钱氏是一个非同寻常的家族，或说明钱永健具有优良的遗传基因。但真想达到这样的目的，也不能拿钱学森做文章，而应追溯钱永健的父祖、曾祖、先人。这样一来，只能说明钱氏的祖先了不得，不仅钱永健，就是钱学森，也是沾了优秀血统的光。

我实在不明白，面对这样一条严肃的科学新闻，为什么要在"钱学森堂侄"上做文章，并且乐此不疲。

难道钱永健的成就与他获得诺贝尔奖的事实还不足以引起公众的重视吗？

难道钱永健非得与钱学森联系在一起才有价值，才能为中国人所知吗？

请查一下王益博士的来历

据报道，国家开发银行副行长王益被双规了。结果如何，这是党纪部门的事，百姓只能拭目以待。我关注的则是这位部级官员的另一重身份——经济学博士，虽然博士学历在如今的部级官员中已经相当普遍。

根据报道提供的学历，王益于 1984 年 2 月毕业于北京大学历史系，先后获历史学学士和硕士学位。1985 年至 1992 年在中顾委办公厅工作，1992 年 10 月至 1995 年 10 月任国务院证券委办公室副主任，1995 年 11 月至 1999 年 2 月任中国证监会副主委。在他任证券委办公室副主任期间的 1994 年 9 月，成为西南财经大学经济系的博士生。两年后，在他升任证监会副主席一年时，又获得经济学博士学位。

王益虽然原来拥有硕士文凭，具备在职攻读博士学位的基本条件，但他原来的专业是历史。除非他有先见之明，一般来说，总得待他调任证券委办公室后，才会有改学经济的打算。至多经过两年自学就能考上热门的经济系博士研究生，已经很不简单。而在不可能不繁忙的公务中，他又能在两年内修完经济学博士的课程，考试合格，再写成学位论文，或者还要先发表若干篇学术论文，通过答辩，不是天才，也肯定是杰出人才。

王益任职的单位在北京，西南财经大学在成都。从理论上说，要修完一门课程就得定期到成都去听讲并参加考试，学校不可能派人到北京为王益单独上课，或单独命题考试。

王益担任的职位和工作，也不是什么闲职，他哪来那么多的时间？

王益从 1978 年起就在北京读书和工作，对北京很熟悉，北京并不缺经济学科的博士点，是什么原因使他舍近求远，选择西南财经大学呢？

在正常情况下，在校的博士生也得有三年时间方能拿到学位，在职的研究生往往还需要延长时间，王益却能比正常研究生还快，究竟是他有特异功能，还是校方提供了额外的教辅呢？

还有，王益读博士的钱，是自费，还是公费？如果他真的按规定上课，参加论文撰写和答辩的各个环节，就得每周往返于北京和成都之间，旅费是自己出的，还是花了纳税人的钱呢？

作为一名大学教授，负有指导博士生之责的教师，我深知，要在职获得博士学位，即使原来有良好的基础，也并非易事。而就我见闻所及，那些在高官位置上获得的博士学位，很多都含水分，甚至少不了权力或金钱的介入。但即使疑云重重，却谁也无法弄清真相。即使当事人东窗事发，一般也追究不到这一方面。目前每年新增的五万名博士中，这样的高官博士究竟占多少，还是一个未知数。

如果认真调查王益这顶博士帽的来历，也许就会从中发现一些研究生和学位工作中的弊病，从而采取切实的防范和改进措施。

奉劝李院士反躬自问

曾经见到过报道，某市委常委兼宣传部长家中失窃，却不敢报案。后小偷被抓，巨额赃物暴露了常委家的不义之财，常委因此东窗事发，最终受到法律惩罚。报道发表后，虽有人戏言应给小偷颁奖，却并没有人以为小偷"偷机"不纯，或蓄意陷害领导干部。就是那位常委本人，大概最多自认晦气，绝不敢公然指责小偷别有用心。因为无论如何，常委的贪赃枉法是事实。

可是近日却看到了不同的例了。事涉在国际学术刊物上发表造假、剽窃论文事件的中国工程院院士李连达却指责打假者祝国光"动机不纯"，称"祝国光此次不遗余力地打假，根本原因出在自己一项即将公布的研究成果威胁到了祝国光所服务公司的商业利益，该研究结果表明该公司生产的用于冠心病治疗的某药物的实际疗效与宣传效果不符，于是该公司试图收买李连达不成，便出现了祝国光的举报事件。"（浙江在线2月5日报道）

其实，祝国光动机纯不纯与他揭露的结果毫无关系，事实证明他揭露的内容准确无误。特别是作为当事人之一的李院士，在这种情况下只应反躬自问，完全没有资格指责对方，更不应该将此事与商业利益联系起来。李院士所作所为正暴露了他有背离学术规范，甚至违反社会公德之嫌。

如果相关报道无误，请问李院士：既然你的研究成果还没有正式公布，对方是怎么知道的呢？既然该公司曾经出价一二百万元收买你，是明显的违法行为，为什么不向司法部门或主管部门举报，不公开揭露呢？既然你的研究已经完成，准备什么时候发表呢？将尚未正式发表的研究成果，透露给非学术专业的媒体，用以证明别人的商业利益，这符合科学道德和学术规范吗？现在该公司披露你是另一家生产同类药品的公司的首席科学家，并接受那家公司的经费资助，你作何解释呢？

至于说，在祝国光之前，已有人揭发，浙大已进行调查和处理，祝国光再予以揭露就是别有用心。由此，更说明李院士至今尚未认识到所涉错误的严重性。造假、抄袭的论文是在国际刊物上公开发表的，自然应该公开揭露和纠正。此事所造成的负面影响不止涉及当事人和李院士，也关系到浙大、中国工程院和中国整个学术界。我相信，在调查和处理结束后，浙大肯定也会公开的。难道李院士认为，这样的事可以内部了结吗？要是不公开，李院士会主动公开承认自己"疏于管理"吗？

现在，被李院士指责的那家公司已宣布要追究李院士的法律责任。据报道，中国工程院也将调查此事。如果李院士是清白的，法律将还他以尊严。即便如此，李院士无法推卸他必须承担的学术、管理和道义上的责任。为了维护工程院院士的崇高荣誉，李院士应该引咎辞去在浙大的兼职。如果李院士希望继续进行药品研究，还是不要与同类药品的生产厂商发生任何利益关系为宜。

中国的教授为什么"申请科研基金很勇敢"

最近，著名数学家丘成桐在中山大学的一次演讲中批评中国的教授"申请科研基金很勇敢"，这的确是事实。两三年前，我也是其中之一。为什么中国的教授会形成这样一种风气呢？

曾几何时，绝大多数中国教授还不知基金为何物。我是在1984年申请去美国哈佛燕京学社当访问学者时，才知道这是由一项基金长期资助的项目。至于自己在中国申请基金，是在1987年申报设立不久的国家社会科学基金。一种行为能成普遍的社会现象，肯定不是少数人所能左右，必定存在着制度或社会方面的原因。

本来，基金的设立应该是为了达到某种目的而对某些人或某些方向的特殊资助，或是对某些特殊人才的锦上添花，或是对某些项目的雪中送炭，而不是为了解决研究部门或高校的日常开支和人员的生活津贴。但在中国，几项主要的基金，如国家自然科学基金、国家社会科学基金以及教育部的"211"、"985"项目，都是在正常的科研与教育经费极少、科研和教学人员工资极低的条件下设立和运行的。近年来科研和教育经费虽有增加，科研和教学人员的待遇虽有提高，但这些提高部分往往都与基金或项目经费联系在一起，这种情况到今天也没有根本性的改变。离开了各种基金和项目经费，研究部门和高校的正常维持都成问题，相关人员除了依然不高的基本工资以外就得不到任何津贴。

记得十多年前，中科院某研究所的朋友告诉我，由于使用办公室必须从自己的经费中付费，他们没有项目的人已经没有立足之地，每次只能提着包在走廊里转一圈就回家，也进不了收费更高的实验室或机房。某高校一度设立"终身教授"，但他们的待遇取决于手里有多少经费，否则就与退休人员没有什么区别。一句话，对科研人员来说，申请不到基金就意味着失业下岗，或者只能依靠单位的怜悯和别人的救济生存。

不仅如此，获得经费的多少和相关基金的等级，已经成为对单位和个人进行评估、晋升最重要的指标。当然获奖更重要，但毕竟数量有限，多数人是得不到的。在任何评估中，经费多少是不可或缺的指标，而国家级与省部级的基金，照例可以获得加权指数。至少获得一项省部级以上的基金，往往是晋升称职的必需条件。即使个人清心寡欲，或者他从事的研究并不需要额外经费，单位也会尽全力促使甚至逼迫他申报。于是地方政府、上级部门、所在单位纷纷出台配套措施——至少按一比一配套，还有名目繁多的优惠。甚至只要参与申请，即使一无所获，也能得到若干经费的鼓励。对基金会人员和评委的公关也双管齐下，单位会全力以赴，比个人还积极主动。

除了在基金设立之初已经功成名就的人以外，现在的院士、博导、教授，有几个不是一项项基金或项目申请下来的？在这样的体制下，单位或个人都欲罢不能，欲退不能。

我曾经因为某项基金在评审中的不公正做法而决定不再申报，但当时我作为所长，还得促使同人努力申报，还得为他们争取。我有一个申请到的项目，由于情况变化，已无法按原计划完成，于是申请退回全部经费，希望予以撤销。但各方面都不希望在统计中出现这一类型，至今尚未得到批准。而我现在之所以能超脱于基金，是因为我已不再担任所长，卸下了统计评估的负担。也因为学校不再每年对我考核，而我手里还有几个大的项目，足以做到退休。要是我还等待晋升，还主管一个科研单位，还在等米下锅，我敢吗？

在这种体制下，本来根本不需要或没有资格申报的人无不加入申报者行列。特别是随着高校教师和地方科研人员的不断扩大，一窝蜂地要办"研究型大学"，争"世界一流"，申报者越来越多，使基金永远处于粥少僧多的状态。加上基金评审本身存在的缺陷和社会普遍的腐败作风，种种怪现象就在所难免。

要使中国的教授勇于献身科研和教学，而不仅仅表现为"申请基金很勇敢"，除了教授本身的自律外，关键还是要在体制上进行改革。首先要大幅度提高国家正常的科研和教育经费，使之与基金保持合理的比例，使基金的功能回归本位，改变"全民申报"的局面。其次在各种评估指标中，要将科研和教学的实际成果放在首位，而不是看有多少项目和多少钱。再者，必须将个人的收入与基金的多少脱钩。改善科研人员和教师的待遇应该通过增加工资和津贴，对优秀的科研人员可以发给奖金，而不能通过科研经费提成。

专家应摆正自己的位置

不时可以在媒体上见到专家的意见，这既是改革开放以来言路大开的明证，也是专家的意见越来越为公众重视的表现。但近来也经常看到一些专家以特殊的身份发表意见，如某某课题组、某某项目，甚至代表某政府部门或权威人士，以至引起公众的过分关注。

其实，各方面专家的优势在于他们的学术或专业地位，正是从自己研究有素和学术底蕴的领域出发，专家才能对某一方面的问题发表负责任的、独特的见解，贡献于公众，服务于社会。专家意见当然只能代表个人或者一个团队，只要不违反宪法、法律和社会公德，都可以自由发表，也只能由自己负责。

但现在有些专家却不是那样，动辄以某代表、某委员、某顾问、某首席专家、某项目组、某课题组的名义说话，或者有意无意地强调某种特殊关系或特殊身份。无论是出于媒体炒作，还是他们自己故作姿态，本来能对舆论起积极作用的专家意见，却因此而变味，而贬值了。

这些身份未必全是真的，例如有时故意漏了一个"前"，而这个过去时态可能已是一二十年前。有的少用了一个"副"，有的项目组、课题组完全是自封的，或者早已结束。如果这是媒体炒作或误报，又涉及重大或敏感问题，专家本人应该及时纠正。即使是百分之百真的身份，是否就能给自己的意见增加份量呢？这正是某些专家所希望的，甚至巴不得公众将他的意见看成政府的主张或即将实施的法律法规、政策措施。尤其是在某些敏感领域，往往就此引发一场风波，造成一起人为的振荡，使个人或某些利益集团获利。或许有的专家只是为了提高个人的声誉，实际却损害了公众利益，或者影响了政府的公信力和形象。

近年来，在一些重大事件或社会新闻中不乏两院院士的声音，而且他们的声音一般都具有很大分量，得到政府部门和社会各方面的普遍重视。但有时也会发现，某些院士同时拥有"董事长"、"总经理"、"总工程师"的一类身份，有的就属于当事一方，或者代表了当事方的利益。

当然，在这种情况下院士也可以发表意见，表明态度，但必须公开自己的另一重身份，并依照国家法律，遵循社会公德，该回避的时候就回避。例如，在杭州地铁施工塌陷事故发生后，媒体曾报道一位被称为"中国地下工程权威"的工程院院士的意见。但不久就有媒体透露，这位院士还是施工方中铁隧道集团的副总工程师。那么这位院士为什么不在一开始就亮出自己的双重身份，或者以施工方的代表说话呢？如果意识到自己应该回避，为什么不请其他更合适的专家作判断呢？

其实，院士也罢，教授、专家、学术权威也罢，在真理和事实面前的地位都是相同的，在法律面前都是公民。在以自己的知识、经验、见解赢得公众尊重的同时，也应承担更重大的责任。

我对"开学第一课"的忧虑

2008 年 9 月 1 日 18 时 55 分央视财经频道播出"知识守护生命"大型公益节目，此前的 8 月 26 日教育部曾发出通知，要求全国 2.2 亿中小学生都要收看，因而被称为"开学第一课"。

在此前后，主流媒体一片赞扬，并引述教育部相关负责人的说法，称这是将奥林匹克精神与中华民族的抗震救灾精神完美的结合。通过对学生进行"避险自救"知识教育，教学生掌握避灾的常识和技巧，真正"用知识守护生命"；是"中小学弘扬和培育民族精神月"启动活动和开展好安全教育活动的不可或缺的项目，也是全国中小学新学期加强学生安全教育工作必须要上的第一课。有的媒体更盛赞这"第一课"是由"清一色的全明星制作"。

将安全教育列为开学第一课，的确有其必要，何况是在震惊世界的汶川大地震发生之后！"知识守护生命"的命题也完全符合中小学教育的主题，需要不断深化。但对用这样一种方式来上这"第一课"，并且由教育当局组织实施，给予如此高的评价，我不无忧虑。

"开学第一课"应该由谁来上？无疑该由老师，由校长。特别是对新入学的儿童来说，接受知识和正确观念的主要来源应该是老师。家长对学童的教育，大多也是"要听老师的话"。再出色的电视节目都不应该取代对学生的课堂教育，再重要的内容也必须通过老师来传授，否则就不成其学校了——特别是小学低年级。"开学第一课"只能由老师上，而不是明星。当然，参加播出的明星中不乏专家学者，但大多是以名人身份出现的。对具有很强模仿能力，但又缺乏自主性的中小学生来说，无疑也会产生明星们代表知识的误导。某些明星的弱点正在于缺乏知识，甚至缺乏常识。一旦他们成为中小学心目中的"知识型偶像"，后果又会如何？安全教育不是什么高深的学问，教师完全有传授讲解的能力。如果连这样的内容都要特别冠以"知识"，并请全明星出场，那么其他更重要更复杂的教育内容该请谁？目前社会上对明星的过度崇拜已经影响到中小学，如果连"知识"都要让明星来代言，岂不会使更多的中小学生将明星当成自己的偶像？莫非中小学也得请明星当安全教育"形象代言人"？

安全、防灾、避险、救生这些方面的教育和相关知识和技能的掌握，习惯的养成和意识的形成，需要反复的教育和训练，还需要定期演习和检查，不应该也没有必要娱乐化。如果误以为学生和家长一时的欢乐愉快就意味着安全教育的成功，一旦遇险，足以误事。在日本，中小学定期进行防震演练，对教师、学生的要求都是严肃认真，一丝不苟。

我完全理解教育部对中小学生安全教育的责任心和引起家

长重视的良苦用心，也非常赞赏明星名人们对社会公益的奉献。但即使这一节目获得百分之百的成功，也只是供中小学和家长们观赏的有教育意义的节目，代替不了教师和学校经常性的教育，切勿夸张其事。

如获诺奖提名，亦勿过于激动

二十多年前，要有人被"世界名人录"或某项名人录收录，或收到"剑桥传记中心"之类机构的邀请信，通知你被列入某种将要出版的名录，甚至邀请你担任提名人或顾问，一定会成为一条重要新闻。其实这是很正常的现象，一方面是因为中国与外界断绝了那么多年，国门初开，谁也不知道那些"名人录"或"传记中心"有多大的分量，反正都是"国际知名"的。另一方面，被提名的只是凤毛麟角，不是某方面的宗师，就是尘封多年的国宝。甚至还有些在国内长期不受重视的学者，因此而喜登龙门。

但等到像我这样的人也同时接到不止一份此类邀请，头衔也越给越大，选择也越来越灵活，从出钱购样书到证书、奖牌，我才明白，原来"国际惯例"就包括了这样的"名人录"和"传记中心"——的确有人提了你的名，认为你配这个称号，资料又是你自己提供的，出版社当然可以照出不误，主办机构就可以明码标价出售。我在剑桥大学访学时还顺便作过了解，得知这家"剑桥传记中心"与剑桥大学风马牛不相及。但也是登记注册的合法机构，既然设在剑桥，自然可以在自己的名称中冠以剑桥，至于将它当与剑桥大学联系起来，只怪你无知或自作多情。

知道了这些，我对前些年不断传播的某人被提名诺贝尔奖的消息就不当一回事了。去年余英时先生获得的奖项被称为"人文诺贝尔奖"，事先我也收到了推荐书。但我没有填，因为我自问对世界人文学者了解甚少，没有推荐的资格。今年我又收到了，但还是放弃了这或许相当重要的推荐权。主办机构发出的推荐书肯定很多，即使回收率很高，评委们也未必就按推荐的结果决定人选。因为即使每个人都很认真，大多数也不可能具有全球性视野和评判能力。

　　据我了解，诺贝尔文学奖的提名门槛未必更高。除了由主办者邀请一部分人提名外，专业团体和专业人士还可主动提名，来者不拒。当然，这些提名对评委有多大影响，在最后确定人选时起多大作用，只有他们自己知道。所以，即使知道自己已被提名，最好还是保持平静和沉默。

　　当然如果本来就是提名者与被提者之间合作的自娱自乐，那就不妨邀请媒体一同狂欢。媒体也可以心安理得，因为这绝不是假新闻，提名者与被提名者都是实实在在的大活人，提名材料也已在规定的时间寄达主办者，或许还收到了对方的回执。

大学之道

上有所好，下必有甚焉

据报道，浙江某高校为提高学生参加社会实践的宣传力度，专门设立奖金，只要被报纸报道就能得奖。从地方到中央不同等级的报纸明码标价，如当地的《现代金报》每 300 字可获 300 元，而《人民日报》每 200 字可获 4000 元。虽然报道没有提及字数与奖金的关系，或者这些只是获得的最低指标，但可以肯定，如能在报纸上得到长篇报道，一定会按字数或篇幅另发大笔奖金。而这还是该校评选"十佳团队"的重要指标，也就是说，要是没有报道，评选就可能名落孙山。而一旦得到报道，不仅评佳有望，还可获得数目不菲的奖金。怪不得参加社会实践的学生不仅主动向报社提供新闻稿，还打电话催问，或者亲自向记者、编辑作公关。而该报记者办公室接待的要求报道的学生已不下十次，其他报社、电视台等媒体都有类似情况。

这种做法当然会招来舆论的批评，我也不赞成学校这样做。但根源还在于上有所好——各级政府和主管部门过于看重媒体上的报道，特别是主流媒体、高级别媒体（这是我临时杜撰的词，却符合国情）上出现的文字、照片或影像。有了这些，不仅评奖选优有望，说不定还能加官晋级，自下而上，皆大欢喜。再说，所发奖金（还有津贴、采访费、课题费等不同名目）用的也是公费，何乐而不为？

其实，一种做法形成惯例，成为潮流，都是由上而下的，等影响到大学生，或扩大到社会各方面，往往已近余波。就我的亲身经历而言，这种做法至少在十多年前就有了。

有一次，我与中央某报记者去南方某县采访，书记和各级领导亲自陪同，热情接待，临别时还向我们每人赠送一笔"采访费"。书记容不得我推却，说："某报一个版面，花几十万也不一定上得了，你们来采访报道，真是帮了我们的大忙。今年我们县在省里的地位肯定能提高。"据说，能否得到从中央到省市各级媒体的报道，都是对县级及县以下党政部门考核的重要指标。

连学术研究机构和专家学者也不能免俗。我当研究所所长、研究中心主任期间，每年的考核或每次接受评估时，媒体的报道和评论就是必须收集的内容。而如果不主动提供资料或吸引媒体报道，学术机构和学术活动往往很难引起媒体的兴趣。例如某次会议如要电视台报道，必须有省市常委级的领导出席。而有了这样的报道，主管部门才会重视。就是一本书、一篇论文，要申报奖项时也得附上公开发表的书评。如有权威刊物、中央媒体上发表的肯定性评论，不仅获奖无忧，还有望得大奖。

我在央视做的节目播出后，几乎每天会收到不同的公司寄来的订货单，通知我已备好光盘，只要付款数百元即可寄来。有的还备证明一纸，写明某人某年某月某日某时某分至某时某分在央视某频道某栏目出场。开始我颇不以然——谁会花这笔钱去买自己的录像，还要什么证明？后来才得知，有的高校已规定在央视出场的赏格，最高一级可以相当在权威刊物发表论文或相当获省部级一等奖。要真能如此，区区数百元何足道哉！与其到时口说无凭，还不如预备光盘和证书。

最近还在调查的抗震英雄学生免试进大学一事的主角，据说至少也是沾了报道的光。因为他的"事迹"被别人写了报道，并写得有声有色，而另一位被同学公认够格的学生却只有填得不规范的表格。尽管上报时只要求填写表格，但一篇额外附上的报道（姑且肯定都是事实）却使主角身价倍增。报道的威力由此可见。

看来，只要"上好"不改变，下面的做法只有"甚焉"，肯定会越来越过分。浙江某高校的领导如不这样做，必定会在这场竞争中落后。但他们这样做了，其他学校要胜出，只能别出奇兵，或许会提高价码，或许会全面配套。总之，上有所好，下必有甚焉。要改变风气，还得从源头做起。

冷眼看排名，冷静找差距

上海交大高等教育研究中心公布了2008年"世界大学学术排名500强"排行榜，中国内地共有18所高校进入500强榜单，但无一跻身百强，排名均在200名之后。据称，该中心自2003年发布第一份排行榜以来，"目前已得到国际社会广泛认可"。

近年来，我们已看到不止一个"世界大学排行榜"，中国的"大学排行榜"就更多了，但同一个大学，在不同榜单上的排名往往相差悬殊，即使在国内也是如此，更不用说在世界了。有人批评这些排行榜是自我炒作，因为发布者所在大学的排名大多比外界心目中的位置更高。还有人更关注这类排名的背景，怀疑学术以外的因素在起作用。我认为不必要，也不应该这样看。

中国的大学当然要了解自己在世界大学的地位，特别是应该了解经过这些年的发展，进步了多少。其实，你不排，人家也在排；不公开排，也在暗中排。所以，有比没有好，有中国自己的比只有外国的好，公布比不公布好，适当多几家更好。不止一家，才好比较，逐渐优胜劣汰，产生中国公认的权威大学排行榜。今天世界上各种各样的排行榜不胜枚举，同类排行榜发布完全不同的结果不足为奇，但得到广泛认可并被运用的也就那么几家。

其实，一个公正权威的排行榜在公布结果的同时，必须公布评选标准、资料或数据的来源。有了这些，我们就不难发现，尽管评选者见仁见智在所难免，但更主要的原因还在于不同排行榜的评选标准。

例如，"大榜"的排名指标包括四个方面。其中，反映教育质量的获诺贝尔奖和菲尔兹奖的校友折合数（占10%）；体现教师质量的获诺贝尔奖和菲尔兹奖的教师折合数（占20%）。（据《新民晚报》8月13日报道，下以同）这30分内地大学都拿不到，或者因杨振宁、李政道出自西南联大，清华能得几分。但一所大学即使现在的教育质量已经非常之高，它的毕业生要得诺奖或菲奖也会在多年以后，所以对目前的排名毫无作用，何况教育质量并不仅反映在校友获这两项奖上。

又如，对人文社会科学的成就而言，在这份排行榜中唯一被采用的指标是社会科学引文索引（SSCI）收录的论文数，与科学引文索引（SCIE）收录的论文数合计为20%，至多只占10%。对综合性大学的学术排名而言，人文社会科学只占几个百分点，自然是难以显示其合理地位的。而且，以 SSCI 作为评价人文社会科学的唯一指标，即使在西方的大学也未必行得通。

但是，各类排行榜对单项指标的统计数，还是比较客观地显示了国内大学与世界先进大学之间的巨大差距，这是不争的事实。而近年来所取得的成就，只要对比历年的同类同标准排行榜就可以看出。对排行榜不妨冷眼相看，但对中国大学或本单位与先进水平存在的差距必须冷静对待，老老实实承认，切切实实改进，除非你想搞个假排行榜自娱自乐。

大学的"大气"与必要的管理并行不悖

我经常看到"十年砍柴"的文章，他的看法我大多赞成，但对他的《外校生鸠占鹊巢，大学更应该大气》一文有不同意见。可能是因为我一直在大学工作，不少困难都亲身体验过，所以我认为大学固然应该大气，但必要的管理也是不可少的。

作者认为，"国外许多大学是没有围墙的，其教室、图书馆等教学资源向全社会开放"，这多少有些误解。实际上，没有一所大学的教室和图书馆等教学资源是无条件向社会开放的。无论是公立还是私立，都是在保证本校师生正常使用的情况下才向社会开放的，而且内外总是有别的。我曾在加州大学伯克莱分校开会，伯克莱是州立大学，一向以收费低廉、平民化著称。的确，伯克莱大学没有围墙，谁都可以进入校园或校园中的大多数建筑物，但绝非没有限制。例如要在校园内无线上网，必须有学校提供的用户名和密码，而在校园旁的营业性网吧，每小时收费几美元不等。要是所有人都可以无条件使用校园无线网络，这些网吧大概早关门了。

再开放的大学也必须保证注了册、付了学费的学生有座位听课，然后才能满足外来旁听者。当然只要条件许可，学校会尽量满足旁听者的要求，一些名教授的课因旁听人太多，不得不换至更大的教室。不过，在任何情况下，注册付费的学生总是优先的。学校的电脑房也一样，每位师生有自己的密码，有的还根据使用时间或流量收费。

在特殊情况下，学生对学校的管理并不领情，他们出于"大气"会站在校外者的立场上。如哈佛大学曾发生流浪者晚上利用女宿舍旁暖气管的尾气，学校出于安全考虑关闭了暖气管的尾气，引发学生抗议，学校不得不重新开放。可见，大学的"大气"与必要的管理是并行不悖的，哈佛没有大气到请流浪者进宿舍，但连尾气都不让流浪者利用就太小气了，而学生抗议的结果是尾气照放，但加强警卫，以保证女生的安全。

作者对中国以往大学的追忆也过于理想化，实际上，像张中行讲述的梁思成开课的佳话固然不少，但据老一辈告诉我，并非所有的教授都有梁思成那样的风格，也并非所有大学都有北大那样的气度和条件。另一方面，就是现在，北大也有不少教授并不拒绝免费旁听者。我在复旦所开的课都有本校或外校的旁听者，我的原则是先保证正式选课的同学有座位，其余空座随便，座位满了愿意站着的也欢迎。但我们学校的教室余地很少，有一次分给我的教室只够容纳选课的同学，连站的地方都没有，我只能请旁听者谅解。

而且一个不争的事实是，近年来由于办学规模扩大，尽管校舍迅速增加，但各种设施还是满足不了要求。如我现在主管的复旦大学图书馆，经常出现学生排队等开门"抢座位"的情况。在这种情况下，尽管我完全明白大学应该向公众开放的道理，却无能为力。试问，我能要求本校师生向校外人员让座吗？我能将本校师生需要的书优先借给校外的公众吗？

当然，并非每所大学或每个部门都是如此，对一些有条件向公众开放或提供服务的部门或设施，或者在公众中有人比大学生更需要获得帮助时，那完全应该像"十年砍柴"所要求的那样，大学应该"大气"些。我在校园作讲座时，经常发现校外的听众提前占了座，我从不会要求他们给本校师生让座。在这种场合，先到先占的原则应该得到尊重，而不必问身份。

至于人民大学禁止外校学生和培训性质的学生使用教学楼是否必要，我没有调查，不能随便发表意见。但如果人民大学的教学楼真的无法满足本校学生的需要，暂时限制外校学生使用，也是可以理解的。但如果有一定的余地，不妨采取柔性管理，即在优先保证本校学生的前提下，容许其他人使用富余的座位。尽管这样做会增加校方管理上的麻烦，也可能招致部分学生的不满，但从保持大学的"大气"和公共性出发，还是值得的。

大学该不该有这些"围墙"

《大学的围墙不该越筑越高》（见 2008 年 9 月 22 日《北京青年报》"每日评论"）一文以上海交大拟限制外来"蹭车族"和一些高校限制"蹭饭族"为例，提出"大学本不该像这样把围墙越筑越高"。作为一位学生，作者希望高校加大开放力度，使学生在校期间能更多接触社会，以便今后能从容应对可能面临的种种困难，这样的愿望是值得肯定的。但将大学正常的、必要的管理措施理解为"围墙"，显然是对"没有围墙的大学"

的误解，也说明作者不了解国外大学的实际情况。

　　的确，有些国际著名大学根本没有围墙，有的校园和学校的建筑散处于城镇之间，或者虽有围墙和大门，却"虽设而常开"。但是也不乏筑有围墙，且不能自由出入的名校，像剑桥大学有的学院不仅不能随意进入，参观者还得付费。但是并没有人指责这类学校或学院不开放，更没有人要求它们拆除围墙。可见"没有围墙"未必指实际的墙，也并不意味着大学不该有必要的管理制度，而是看是否真正对社会实行开放，为公众服务，为师生面向社会提供有利条件。

　　拿作者所举的停车和吃饭两事来说，据我所知，那些被公认的"没有围墙"的世界名校都是有严格管理的。学校在校园内或学校建筑附近都划定供本校师生专用的停车位，教师、学生必须预先申请并付费，领取停车证。但除了少数校、院主管和特殊教师（如诺贝尔奖得主）有固定的位置外，其他都只能见空就停。

　　记得我1986年去芝加哥大学拜访何炳棣教授，他约我见面的时间很早，还向我解释："这样可以将车停在离办公楼最近的地方，要晚了就得走很长路。"如乱停车，或在临时停车点超时，照样由校警开罚款单，甚至将车拖走。没有停车证的车，即使属于本校师生，也不能使用这些车位。对学生停车往往另有限制。

　　上海交大徐汇校区紧靠商业中心和高级办公楼，周围停车费很贵，所以一直有人将校园当作免费停车场，而本校教师与来校联系公务的人却往往找不到停车位。这种情况绝不会出现在哈佛或剑桥的校园，因为即使校外人员愿意付停车费，也休想在校内随意停车。

世界名校对吃饭的管理就更全面了。对经校方同意设在校内的餐饮店或摊位，自然对校内外人员一视同仁，校长、教师、学生与外来人员用餐价钱相同。但教师的专用餐厅往往实行会员制，只接待会员或经邀请的客人，有的还得预约登记。而学生公寓内的食堂只供居住者用餐，有的只发固定数量的餐券。由政府或学校补贴的学生食堂只供应学生，如同时接待外来人员，就会采取不同价格。法国巴黎的大学生食堂分散在市内，餐券全市通用。由于享受政府补贴，所以餐券只能凭学生证购买。在法国高等社科院，餐厅实行不同价格，同样一份饭，教授、其他员工按不同的内部价，外来人员按市场价。

控制外来人员在学生食堂用餐，主要还不是为了怕造成食堂拥挤，或增加炊事员的工作量。目前由于食品价格上涨，高校的食堂为了不增加学生负担，都采取补贴。如果让外来人员以同样价格用餐，等于给他们发补贴。中国高校的经费主要来自政府拨款，得由纳税人负担，这类"蹭饭族"增加了，岂不是加重了纳税人的负担？

如果将对停车、用餐的必要管理看成为大学"围墙"的话，这样的"围墙"是必不可少的。

这样的"围墙"不会影响大学的开放。例如，想到大学旁听课程、讲座，参加学术交流或公共活动，阅读书报，或者参观校园，感受校风学风，完全可以利用公共交通工具，骑自行车或步行。实在需要开车的，为什么不能停在校园外面？或者按规定停在指定的地点，交纳一定的停车费？想体验一下大学的食堂，或者必须在校内用餐，无非是按市价而不是按补贴价付费。谁都知道，那些"蹭饭族"大多并非下岗工人、农民工或来自贫困家庭，只是想省几个钱。他们用餐的目的与上述活动完全无关。至于大学师生参与公益或慈善活动，也应该面向真正需要受援的人。

顺便说一下，即使是世界上最开放的大学，也会有一些完全不开放的地方。当然未必需要高筑围墙，只要放一块提示牌，外人就会自动止步了。

此书何必出线装本

作为图书馆馆长，我不时要审查订购书目，有一天，发现其中有一本前领导人的著作。我以前看过这位前领导人的文章，对他能深入浅出讲清复杂的辩证方法十分佩服，见订数只有3册，就想增加几本。但一看定价，却吓了一跳，居然要470元一册，原来是某出版社的线装本。

我百思不得其解。这位前领导人的论著的最大特色，就是以相当平民化的、浅近的语言，将高深的哲学原理讲得明白可读，其内容都与当代有关。无论如何分类，他的书都不属于传统文化，与时下流行的"国学"无关。出版他的书自然是让更多的读者，特别是非专业的读者、年轻人阅读和学习，照理应该注意普及。现在把这本书的定价提高到470元，读起来也不方便，连我这位重点大学的图书馆馆长订购时都会犹豫一番，能适应绝大多数读者的需要吗？有利于这本书的流通吗？

或许此书只是作为平装本的补充，但我以为也没有必要。我不反对出线装本，但得与内容相称。如毛泽东的诗词或旧体诗词、文言文论著，或内容涉及传统文化，或手稿及某些不便用电脑排版或机器处理的文字，用线装的方式更符合一些读者的阅读习惯。另一种情况，是出版社希望出版有收藏价值的工艺品，或者用于重要的古籍再版，因而选用精美的印刷和装帧、高质量的纸张和材料，或者完全采用木版手工印刷。这类书必须选择合适的内容，才不致造成不伦不类的产品。而且这家出版社并非以重版古籍或出线装书见长，这本书似乎也不可能具备这样的价值。

这样浅显的道理，想来编辑和社长不会不懂，于是我大胆地推测，这样做只是因为前领导人的特殊身份。这曾经是我国长期以来的一种习惯做法，对领导人的书要出各种版本，无论是否有实际需要。为了适应领袖的个人需要，不惜工本出版特殊的版本。如毛泽东晚年视力不佳，为他专门印制了大字本《二十四史》。照理，即使毛泽东有这样的需要，手工抄一份给他看就是了，至多印一二套就够了，却印了一批。我曾经听到已故上海图书馆馆长在先师家抱怨："大字本《二十四史》这么贵，非要我们馆买两部，一部要占一个大房间，连放的地方都没有。"可见即使是领袖的需要，过了分也会成为包袱，造成浪费。

这并不是说领袖或名人的书不能出得精致甚至豪华些，只要阅读者、收藏者有此要求。42年前，我就提前登记买过一套四卷合一的精装《毛泽东选集》，价格比普通平装本贵近一倍，为此我得节衣缩食两三个月。我很喜爱，至今仍收藏着。但如果出价格十倍的线装本，我是肯定不会买的。近年来纷纷出笼的所谓"黄金书"、"真丝书"以至"珠宝书"，无非是打着伟人的旗号变相牟取暴利，则更等而下之，相信那家出版社是不屑与之为伍的。

对新教材不妨宽松些

近年来不断可以见到媒体和网络上对新教材的评论，有的意见相当极端。就是对原有教材的某些修改，甚至只是一些个人意见或修改建议，也往往引起轩然大波。有的新教材刚开始试用，就得大幅度修改，甚至立即停用。

众所周知，我国教育落后的一个重要方面，就是教材陈旧，落后于人类社会和科学技术的发展，脱离实际，内容呆板。如果再对新教材的试验采取这样苛刻的态度，现有教材的落后状态更是无法改变的，受损失的还是整个教育事业，还是上亿正在使用或将要使用这些旧教材的学生。

说宽松也不是没有原则，任何教材都必须守住底线，那就是遵循国家的教育方针，符合教学大纲的要求，遵守《宪法》和国家法令，不违背科学精神、社会公德和历史事实。在此前提下，按照正常审查程序通过的教材，就应该保证它们正常的试验和使用。外界可以讨论和批评，但不要任意干扰或干涉，还得听听使用过教材的教师和学生的意见。

据我所知，教育部和各级教育主管部门对新教材，特别是中小学新教材的使用，是相当慎重的。一种新教材从立项到编写、上报、评审、批准试用到正式通过，一般要经过好几年的时间、数十位专家和一线教师的评审。新教材中存在的问题大多并非本质性的，不是简单的是或非，而是如何改进和完善，或者是对具体问题的见仁见智。外界应该尊重按照教育部授予的职权组成的教材评审机构，相信它们具有评审能力。如果发现其中有不合格或不称职的成员、机构，可以向主管教育部门提出撤销或撤换的要求，而不能越俎代庖，以个人意见或不正常的途径解决问题。

以我在学校工作四十多年的经验，深知教师在教学过程中的重要作用，再好的教材也离不开教师的讲解和运用。特别是在中小学阶段，教材本身的容量是很有限的，主要还在教师的发挥。教师也最了解学生的实际需要，知道如何将教材的意图贯彻在教学之中。有些人毫无教学实践，根本不了解学校师生的实际情况，对教材的政治要求高而又高，纯而又纯，却不问是否现实，能否实行。如果他们真是对教学负责，不妨自己编一本，亲自到课堂教一段时间试试，可惜我只听说从北大退休的钱理群教授在这样做。

有些课程、有些教材的实际效果很差，但谁都不敢越雷池一步，只能在应付上各显神通，师生间心照不宣。有些教材中的问题显而易见，却一直无法更正或删去。既然新教材的环境如此严峻，看来只能容忍这类现象"万寿无疆"。这不仅浪费了师生的宝贵时间和精力，更破坏了实事求是、追求真理的优良学风。

课堂和课本早已不是学生获得知识、树立观念的唯一途径，甚至已不是主要途径。一种教材中的个别错误或部分不足之处造成的影响实际上是很有限的，也不妨在教学过程中由师生自行纠正。科学研究容许失败，社会实践重视总结教训，在改革开放和解放思想的过程中免不了走些弯路，为什么对新教材的试验不能给一点宽容？

体育节的设立应该因时制宜

　　自从有人提出以每年 8 月 8 日即 2008 年北京奥运会开幕的日子设立体育节的建议后，已得到不少人的响应。也有人提出这个节的名称应为全民健身节，还有人提醒设立体育节不仅是为了纪念北京奥运会，更是为了推动全民的体育活动，这些我都赞成。

　　日前见到报道，某媒体的调查显示，80% 的民众赞成以 8 月 8 日为体育节。这使我产生了忧虑，尽管 8 月 8 日是北京奥运会开幕的时间，是一个值得永远纪念的历史时刻，却不适合作为旨在促进全民参与的体育节。

　　道理很简单，这一天全国绝大多数地方的气候都不适合体育活动，特别是民众能普遍参与的、户外的体育活动。8 月 8 日虽然已是立秋后的二三天，但全国基本上还没有进入气象上的秋天，往往是一年气温最高的阶段，还可能受到暴雨、洪水、台风的影响。奥运会开幕放在这一天，是因为受到其他种种因素的影响，并不是因为这个日子的气候条件最适宜。为了奥运会开幕式的顺利进行，可以不惜工本，如动用大量设备严密监控，出动飞机人工消雨，为近十万观众预备雨衣、扇子等，要是在全国各地同时举办体育活动，又要求尽可能多的民众参与，有这样的条件吗？一定要做到的话，又需要多花多少人力物力？因为过于炎热而造成参加者中暑或其他伤病，有必要吗？

　　有人还提出，8 月 8 日正是暑假期间，有利于学生参加。其实这是不了解学校的情况，暑假期间，无论是中小学还是大学，一般都会安排一些平时不便进行的基建、修缮，或利用校园和校内设施安排夏令营、暑期班等活动，一部分师生还会外出参观、旅游，或回乡、探亲、出国等。要在暑假中间组织体育节的活动，远没有在开学期间那么方便，师生的参与率不会高。

体育节的设立不仅是为了纪念北京奥运会，而是为了推动全民体育和健身；不是一时一事的权宜之计，而是需要长期推进的年度活动。这个节日不是为了图形式，而是要讲究实效。它不是党政官员、专业运动员、社会名流的纪念仪式，而是社会各界、城乡居民、男女老幼都能够参与的公共活动，都乐于参与的体育健身活动。气候适宜是最基本的条件，否则，不仅会因此而多消耗资源，更会影响国人参与的比例。

所以体育节应设立在秋高气爽的季节，日期不必固定，可定于某月的第几个星期天。等以后国定假日再增加，就可将该周末后的星期一作为补休日，形成一个长周末。如果直接将体育节定为新的国定假日，自然更好，那就可直接定于某一个星期一或星期五。

体育节不能与纪念北京奥运会开幕结合在一起，固然是件憾事。但相比之下，全民参与更重要，更符合设立体育节的初衷。好在北京奥运会已经成为中国历史和人类历史上的光辉一页，完全可以用其他方式纪念。

热点话题

从华南虎看周边态度

从华南虎事件看政府的作为和不作为

据《新闻晨报》报道，全球权威杂志《科学》将于11月8日刊登那张在中国引起激烈争议的华南虎照片，但该杂志的野生生物专栏作者维吉尼亚·莫尔女士明确表示，《科学》杂志刊登"野生华南虎照片"，并不表明他们认定周正龙拍摄的野生华南虎照片就是真的。"我们私下也觉得照片不太对劲"。

《科学》杂志的做法是高明的——有作为，有不作为。作为一家全球权威的杂志，特别是作为野生生物专栏作者，自然应该关注这样一件轰动世界的大事，毕竟绝大多数人都认为野生华南虎已经绝迹，所以要及时发表这张照片。但另一方面，无论是《科学》杂志，还是莫尔女士，都不会为这张照片的真伪负责，而且不影响莫尔女士私人也怀疑这张照片的真实性。"但是，真相是什么，《科学》杂志无法给出定论"。发表这张照片的栏目是"随机样本"（Random Samples）。正因为如此，无论将来的结果是什么，《科学》杂志都立于不败之地。

反观我们的政府相关部门，则恰恰相反，不该作为的时候拼命作为，该作为的时候却毫无动作。

本来，如果没有参与共谋，或者事先并不知情的话，陕西省林业厅完全不必对周正龙的照片负责。无论主管官员内心多么希望这些照片是真的，多么迫切地希望国家批准成立华南虎保护中心，或者多么希望此事有助于当地的经济发展和自己的政绩，都没有必要匆匆忙忙宣布正式结论，将照片公布于世。

如果这样，在今天的争议中就会处于一个完全主动的地位，并且更有利于学术界和社会舆论做出自己的评判。即使一时真伪难辨，也不会影响对华南虎的保护和实际上的有利形势，因为即使这些照片被证明为伪造，保护华南虎和自然环境的愿望和努力都没有错，没有人会反对政府主管部门的这些举措。可惜出于目前我们无法理解的原因，省林业厅在不该作为时过于作为，将自己与周正龙紧紧地绑在一起。

但事到如今，陕西省林业厅的上级部门、国家主管部门却毫无作为，国家林业局已宣布对照片的真伪不作判断，陕西省政府也没有任何声音。可以想象，如果听之任之，这场争议只能越来越激烈，甚至会丧失理性，违反法律。当然也有出现另一种可能，就像以往处理某些争议一样，一切争议文字和声音会突然之间从所有媒体销声匿迹，当事人从此保持沉默，甚至从公众视野中消失。但这样的"不作为"能解决问题吗？

如果让我当一回事后诸葛亮，我认为政府主管部门应该学习《科学》杂志，该不作为的时候别作为，到了该作为时还得有所作为。

查清照片真相才能更好保护华南虎

中国科学院植物种子研究所傅德志研究员公开指责华南虎照片全部出于伪造，而陕西省林业厅负责人朱巨龙继续坚持照片真实，确认陕西省存在野生华南虎。这一事件发展到今天，已经不是华南虎是否存在，而成了政府主管部门能不能维护正常的科学考察和学术研究，有没有欺骗公众的严重问题。

有人担心这样的争论以及政府对这场争论的反应会影响对野生华南虎的保护，其实恰恰相反，查清了照片真相才能更好地保护华南虎——如果它们真的存在。

照片的真假是一回事，野生华南虎是否存在是另一回事。因为即使照片被证明是假的，也不能就此否定野生华南虎已经完全绝迹，还可继续寻找。即使一时没有找到，也不妨碍对这一区域实施切实的保护。一旦找到，更应该根据保护野生华南虎的需要进行专项保护。

但如果这些照片完全是伪造的，而作为政府主管部门的陕西省林业厅公开向全世界宣布野生华南虎依然存在，并且以此前提划定专门的保护区，那就不仅不能按实际情况采取保护措施，浪费了本来就有限的保护经费，而且满足了某些人（或许包括某些官员）的私欲，败坏了社会风气，违背了科学道德，流毒全国，贻笑世界。

如果说此前还只是种种猜测，那么在傅德志以权威植物分类学家的身份全面否定照片的真实性的情况下，政府主管部门再不采取措施的话，那就是严重失职了。由于争议的另一方实际是陕西省林业厅，应该由国家林业局、科技部等部委组成专家委员会对照片进行鉴定，并及时公布真相。如果此事已涉及刑事犯罪，公安部门也应及时介入。

结果无非是三种：真的，假的，真假难分。

如果照片是真的，傅德志应该公开承认错误，承担应有的学术、道德和法律责任。主管部门应该继续查清这一错误产生的原因，相关的学术机构也应考虑他是否还有资格拥有这样的学术地位。

如果照片是假的，那就不仅应该追究直接造假者的责任，包括相应的法律责任，更应该查清陕西省林业厅究竟起了什么作用。是事后轻信，还是事前共谋？是利益所在，还是面子所关？无论哪一种，都是国法所不容许的。据报道，陕西省林业厅有关领导和工作人员"已经开始紧锣密鼓地进行华南虎保护的各项工作"。"目前陕西省林业厅已将建立陕西镇坪华南虎国家级自然保护区的报告送到了陕西省政府和国家林业局"，"同时还希望争取在镇坪建立起我国的华南虎繁育、研究基地"。如果作为一个主管部门，连起码的鉴别能力都没有，出于轻信就能有那么大的魄力，实在令人无法置信。

第三种可能大概不会存在，我想中国的科学家不至于无能到那样的程度，只要政府下了决心，又不受各种干扰。我担心的倒是不了了之，或者以行政命令突然收场，就像以往科技界的某件丑闻那样。无论如何，查清真相总比听之任之好，对可能存在的野生华南虎也是如此。

反兴奋剂的最大障碍是特殊利益集团

历经五年，美国女飞人马里昂·琼斯服用兴奋剂案以她公开认罪道歉而终结，琼斯将不得不从此告别赛场，还面临着被收回金牌和牢狱之灾。应该承认，琼斯是人类历史上不可多得的运动天才，即使不服用兴奋剂，她也创造了惊人的奇迹，如今毁于一旦，实在令人惋惜。

优秀运动员还要服用兴奋剂，固然是出于他（她）们精神上或物质上的贪欲。他们最终败露，受到应有的惩罚也是罪有应得，咎由自取。但值得注意的是，这背后往往离不开特殊利益集团的操纵或支持。琼斯事件，从目前披露的情况看，至少牵涉到她的前教练格拉哈姆、那家著名的类固醇THG制造者巴尔科实验室。琼斯敢在兴奋剂检测结果公布后一直矢口否认，自称无辜，案件的调查和处理拖上好几年，幕后的事恐怕要比人们想象的复杂很多。

在那些利益集团的眼中，运动员不过是一个试验品，一条活广告，一只喂了饲料就能不断生蛋的鸡，或者纯粹是一棵摇钱树。它们利用运动员铤而走险，不惜运用最新的科学发明和技术手段，调动一切社会力量，目的只是获得通过正常投资、使用正常手段无法获得的利益。

奥林匹克精神所体现的是在公正的条件下人类对更高、更快的追求，对自身极限的挑战，一切竞赛都应该在公开、公正的前提下进行。只有在这种前提下，运动员取得的成绩、所创造的纪录才能成为人类的自豪。早期的奥运会要求运动员裸体，原因之一就是强调除了人本身以外不能借助其他因素，人与人之间完全公平竞争。

现在奥运当然需要各种器材、服饰，它们也会对竞赛结果和成绩产生影响，但这些都是公开的、可以检测的，并且不能超过竞赛规则规定的范围。对运动员来说，是外在的不同，随时可以分离和区别。但兴奋剂却不同，它是秘密的、不确定的，其作用会因剂而异，因人而异，是通过改变运动员内在的因素而起作用。且不说它对运动员的身体和心理所构成的伤害，至少破坏了公平公正的原则。

如果听任兴奋剂泛滥，奥林匹克精神就失去了存在的基础，教练员、运动员就会沦为实验工具和赌博筹码，竞赛场会等同于动物实验室和兴奋剂产品发布会。正因为如此，国际社会在反兴奋剂斗争中采取了越来越严厉的措施。

道高一尺，魔高一丈。在利益的驱动下，少数无良知的科研人员滥用先进技术，不断研制出新的兴奋剂，特别是在用量少、药效长、无残留、难检测上下功夫。兴奋剂检测已经成为一项高技术，使用的检测仪器精益求精，价格自然也节节攀升。但明知故犯的运动员前仆后继，重要的大赛几乎很少没有兴奋剂丑闻，正是特殊利益集团操控的结果。

中国不是世外桃源，同样存在着利用兴奋剂或不正当手段牟取各种利益的集团。如果说以往的一些违背体育道德和奥林匹克精神的行为往往出于片面的"政治"考量，或者打着"爱国主义"的旗号，如今已与金钱、名誉、广告、地方利益、小团体利益、政绩、官职等连在一起。谎报年龄，伪造身份证，冒名顶替，打假球，吹黑哨，收买裁判，弄虚作假，无所不用其极，甚至已成为行规和常态。

对兴奋剂，居然也有人打着科研的幌子，希望开发出现有检测手段发现不了的新药，还有人希望从中药和食品中开发，或者明知某些食品含有兴奋剂成分却听之任之。但不知什么原因，在对被查出服用兴奋剂的运动员及知情的教练员处分的同时，却不认真追查兴奋剂的来源。像将禁药来源说成在地铁站拣到这样的谎言，居然也能不了了之，黑幕后面的利益集团自然会有恃无恐。

山寨无法成功，文化尚须创新

要讨论和评价"山寨文化"，首先必须明确什么是"山寨文化"，"山寨"的含义是什么。

"山寨文化"的名称来源于"山寨产品"，而"山寨"的含义自然离不开山寨本身。所谓山寨，本来是旧时代反叛或非法势力的据点，大多凭险而建，或者处于荒僻边远地区，既可具有反抗统治者的正义性，也不乏打家劫舍、杀人越货的破坏性和残酷性。所以，"山寨产品"无不带有仿冒、名实不符、伪劣的特点。有人将廉价产品、甚至价廉物美的产品也称为"山寨产品"，那完全是曲解。就拿被某些人吹捧的"山寨手机"来说，如果它真是价廉物美，为什么不能堂堂正正打出自己的牌子呢？说穿了，还在于仿冒了名牌，省掉了本来应该为知识产权付的钱，又满足了一些人的虚荣心。

"山寨文化"与"山寨产品"一样，大多带有抄袭、仿冒或恶搞的特点，最多加上自娱自乐，自我表现，否则为什么非要放上"山寨"两字呢？但现在有些人喜欢将"山寨文化"无限扩大，将所有的民间的、草根的、有别于主流的、新出现的文化形式、内容都称之为"山寨文化"，甚至将"山寨文化"等同于创新文化，这既不符合"山寨文化"的本来面目，也无助于问题的讨论。文化类型那么多，汉语的词汇那么丰富，何必都用"山寨"来描述定性呢？如果什么文化都能叫"山寨"，那当然只能肯定，不能批评了。

我之所以提出对"山寨文化""不能过分宽容"，是就"山寨文化"的抄袭、仿冒或恶搞的特点而言，当然不是针对不具备这些特点的民间文化、草根文化、非主流文化。至于民众的自娱自乐，自我表现，其实是一直存在的，与"山寨"无关。如果一定要称为"山寨"，或者他们要以"山寨"自居，那也无妨。对"山寨文化"容忍的底线是不违反法律，不违背社会公德，在这一范围内是可以宽容的，超越了这底线就不行了。但宽容不等于提倡，更不能代表发展的潮流和方向。

什么创新都需要巨大的投入，物质成本、时间成本、精力成本，或者需要超常的才能，而且要冒失败的风险，文化的创新更是如此。"山寨"则是依样画葫芦，投机取巧，成本低，几乎没有风险，因为当事人可以随心所欲解释，本来就没有什么目标或标准。如果社会成了"山寨文化"生长的土壤，那么创新文化就很难生长。

不妨看看近来被一些人充分肯定的"山寨"代表。一是"山寨版百家讲堂"，制作者韩江雪本来是自荐给央视"百家讲坛"当主讲的，因为种种原因没有如愿，就自己依照"百家讲坛"的方式录制了一台，以证明自己完全有此资质。即使看过的人赞同韩江雪的自我评价，或者认为他的水平高于"百家讲坛"的主讲人，最多只能证明"百家讲坛"在挑选主讲人时走了眼，或者标准不对，这没有什么创新意义。何况要做到这一点也很难，且不说见仁见智，评价本来就不易一致；韩江雪又怎么能使他的观众有央视那么多呢？

一是老孟（施孟奇）炒作的"山寨春晚"。是在一处洗浴中心的联欢，阵容是 20 名演职人员。除夕当晚 8 点至 11 点在澳门澳亚卫视播出的，是预先录像，大陆绝大多数人是收不到的。有人赞扬为"一股清风"、"破冰"，我实在不明白清在哪里，破在何处？也有人说它产生了巨大的影响，的确影响不小，但究竟是正面的，还是负面的？不要忘记，老孟一开始打的旗号是

"向央视春晚叫板（后改为学习），给全国人民拜年"，这个板叫成了吗？学习了多少？全国人民有多少人知道，被拜到年了？26名四川灾区的羌族艺人花费4万元路费，目的之一是要向全国人民表达感激，他们达到目的了吗？一位30岁的农民工放弃回家过年，精心准备两个月，是为了让家人在电视中看到他登上了舞台。如果他们事先知道这不过是老孟后来说的"自娱自乐"，会报名参加吗？这台"春晚"和老孟前后的表演的确够得上"山寨"，即使他自己的目标实现了，也谈不上成功。有人说，它至少打破了央视对"春晚"的垄断。其实，"山寨春晚"的结局恰恰巩固了央视的垄断，连"解构"、"颠覆"的意义也没有。

不错，仿冒、恶搞对主流文化、流行文化有一定的解构和颠覆作用，但真正意义上的解构和颠覆是建立在严肃的分析和批判的基础上的。伟大的解构与颠覆只是为新文化的产生清理了障碍，却不会自然地产生新文化，不能代替创新。

其实，不少人肯定或赞扬"山寨文化"是出于对主流文化的厌倦或对文化体制的不满，或者是对民众缺乏文化享受的同情。但这些应该通过严肃的批评和积极创新，通过推动文化体制的改革开放，通过务实的文化建设来实现，而不能寄希望于"山寨文化"。

观看"嫦娥探月"能收费吗？

据报道，即将在西昌卫星发射场进行的"嫦娥探月"，已经由当地某旅行社获得组织游客的业务，每位前往观看"嫦娥探月"的游客将收费800元。由于游客报名踊跃，名额有限，每人的收费可能要涨到1000元。看到这条消息，我感到十分惊异，因为公民观看"嫦娥探月"是不应该收费的，谁也没有权为此而向公民收费。

发射部门能收费吗？不能。政府已经为"嫦娥探月"项目的全部工程和活动拨发了经费，纳税人已经为此尽了义务。如果不是为了国家安全需要实行必要的保密措施，如果不是为了工程本身的需要而采取一定的隔离手段，这类重大工程本来是应该接受公民的监督和观察的，而且只要有可能，就应该向公民开放。让公民亲眼目睹"嫦娥探月"的成功，能更加信任政府，理解政府实行的航天发展规划和方针，以此证明政府决策的正确，证明公民纳的税没有白缴。从这一意义上说，在现场观看发射的公民是作为全国人民的代表去见证，去验收，岂能向他们收费？所以，发射部门和当地政府不应该，也无权收费。

如果因为开辟观看场地，或因此而增加了保安、清洁等费用，只能按实际开支收取管理费。如果因为观看的场地有限，满足不了民众的要求，完全可以采取公开报名，抽签决定的办法。如果同时向外国人或境外人士开放，在他们中签后可以另行收费，毕竟他们不是中国的纳税人。

旅游公司能收费吗？也不能。既然这是一项本应属于公众的资源，政府就无权将它交给一家公司——无论是国营的还是民营的。如果有哪家旅游公司愿意承揽这样的业务，收费只能限于经营的成本和合理的服务费，而不可以利用这项公共资源牟利。比如旅游公司可以收取组织安排的劳务费、提供往返现场的交通费，加上正常的服务费。如果这样，即使加上发射部门的管理费，也肯定不需要800元，更不应该随着潜在游客的增加而涨价。政府也应该通过招标，选择资质高、服务好、收费低的公司，保证服务质量，保障民众的权益。

不少国家的法律规定，使用纳税人的钱实施的项目，不能再向纳税人收费，更不容许让一项公共资源转化为某一政府部门或企业的财源。如果听任观看"嫦娥探月"的首次收费，并且不加任何限制，那么可以预见，在旅游公司或主管部门大赚其钱的同时，门票价格将不断上涨。如果开了这样的恶例，其他一些本来向公众开放的项目也会援例收费。我很担心，有朝一日观看天安门广场升旗也会收费，甚至进入天安门广场也要收费。

政府主管部门应该立即制止这项收费，并调查是哪个部门、谁批准这家旅行社的经营，收到的钱准备如何分配？同时举一反三，取消本来应该由公民免费享用的项目的收费。

"嫦娥"探月与科学普及

近50年前，当前苏联第一颗人造地球卫星发射成功时，我还在初中读书。这件事不仅是当时的头条新闻，也是科普的重要内容。尽管那时没有电视和电脑投影仪，最多只能看到报纸上有限的几张照片和用幻灯机演示的示意图，但大量的科普文章和各种讲座，包括老师在课堂上的介绍，还是使我们对航天、太空、宇宙产生了强烈的兴趣。尽管还是刚开始学物理，也懂得了卫星上天的基本原理，记住了第一、第二、第三宇宙速度。加加林乘飞船上天又成为我们关注的焦点，有关的科学知识也学得更多了。此后，尽管我已经放弃理科，改学文科，但对航天的兴趣始终不减。

正因为如此，在2008年12月3日的文汇论坛上与中国月球探测首席科学家欧阳自远院士对话时，半个世纪来的往事如在眼前，与他谈起了美国阿波罗飞船最后一次登月和当时我国的态度。更使我感到高兴的是，当上海天文台的科研人员就"嫦娥"有没有制定科学普及目标提问时，欧阳院士明确表示："我们现在专家委员会中设有科普委员会，也有很多科学家主动承担科普的责任和义务。""我们下一步一定去更好地思考和实现，不能等第二期，第一期我们现在就应该加紧做这件事情，因为这是提高全民科学素质中非常重要的一点。"在回答叶叔华院士的提问时，他也说明，立体图像、月壤成分探测结果都会陆续公布，不断地把探测成果向全国人民汇报。可以预见，"嫦娥"工程的成功和进步，必将极大地推动我国的科普事业。

正如温家宝总理引用一位老华侨的话所称："你们的卫星打多高，我们的头就能昂多高。"探月卫星的发射成功极大地提高了我们的民族自豪感。但只有具备了一定的科学知识，才能真正了解航天探月的难度，理解中国科学家的卓越贡献，认识探月工程的伟大意义。掌握了必要的科学知识，才能既看到我国已经取得的巨大成就，又了解我国与世界先进水平之间存在的差距，才能恰如其分地认识国情，既不自卑，也不盲目自大。例如，有些人总认为，美国早已将人送上月球，我们再发展也比不上人家。在了解"嫦娥工程"各阶段的目标和水平后，就认识到了我们的后发优势，知道我们在不少具体指标上的领先地位。又如，有些人总觉得不载人登月不过瘾，希望提前实现。听了科普报告后，就知道得循序渐进，不能一步登天。

要提高国民素质，科学知识是不可或缺的。尽管在少数人中也存在着"科学主义"的影响，但对绝大多数国民来说，科学知识还是太少。而以"嫦娥"探月为契机，以具体的内容为吸引，就能收到普及的实效。近年来我们在对青少年的教育中，注意提高人文素质，继承优秀的传统文化，是完全必要的。但人文与科学相辅相成，缺一不可。如果不具备必要的科学知识，不仅无法正确理解和运用传统文化的精华，甚至会误入歧途。例如，"天人合一"的观念，以科学的理论、观念和知识来解释，可以理解为人与自然、人类之间的协调发展及和谐关系。但其中也包含着君权神授、天意决定人事、天象反映人事这样一些有利于专制统治，宣扬天命、宿命的糟粕。

不可否认，近年来一些迷信陋习恶俗沉渣泛起，在社会上颇有市场，青少年也深受其害。例如，有些人出门办事要翻黄历，挑房置屋要请风水先生，遇到稍大的事就要打卦算命、烧香拜佛。一些青少年学生迷信星座，相信命中注定，讲究各种禁忌。当然我们不能指望通过一两次科普讲座就能改变这种状况，但掌握更多的科学知识，肯定能减少以至消除迷信愚昧。

当年美国耗费巨资发展阿波罗计划，但投入产出比在不久就达到了1∶4左右，二三十年后更已高达1∶14，靠的就是航天技术、发明和设施的民用化，及时转化为生产力，推动社会的进步。有的产品，本来只是为了解决航天员生活上的困难，如尿不湿，后来却发展成为一个遍及全球的大产业。像碳纤维，是为航天器材专门开发的高强度特殊材料，已经运用于包括钓鱼竿在内的大量民用品。但这些产品并非完全靠航天科学家发明创造的，特别是商品化、社会化过程，都是在航天系统以外进行的。有些还是业余发明家的产物。阿波罗计划之所以能取得如此高的回报，而且很快实现倍增效应，一个重要的因素，就是美国高度发达的科学技术和普及程度。如何使我们为探月工程投入的16亿变成160亿，如何使嫦娥一号传回来的大量信息为更多的人所利用，并造福于国民，也需要建立在科学技术不断普及、掌握科学知识的人越来越多的基础上。

1960 年我进入高中后开始学习英语，在英语课本上有一首诗：The moon is in the sky. It is far and high. Let's go to the moon. Ride the rocket and fly.（明月当空，高且遥远。乘上火箭，飞往遨游。）当母亲给孩子讲嫦娥奔月故事的时候，当中秋晚上全家赏月的时候，不要忘记也讲些航天知识，那么国旗插上月球、遨游宇宙的日子就会来得更早。

学唱"样板戏"是"传承民族优秀文化"吗

教育部将在 10 个省、市、自治区试点在音乐课程中增加京剧内容，被称之为"传承优秀民族文化"，"有利于强化学生民族文化学习意识"。尽管这样的说法显得有些夸张，如果所选真是京剧中有代表性的优秀曲目，也未尝不可。但看到选定的这 15 首教学曲目，发现其中绝大多数居然都属"样板戏"，不能不感到惊讶！

对"样板戏"，我们这一代人太熟悉了，当时担任中学教师和学生辅导教师（那时叫"红卫兵团辅导员"）的我尤其不会忘记。因为我不仅要像"革命群众"一样看、听、唱，而且要组织、督促甚至强制学生看、听、唱。"样板戏"电影上映时，全校停课列队，一路高唱"样板戏"去电影院观看，回来还要开大会赞颂，写大字报歌颂毛主席的革命文艺路线的伟大胜利，批判资产阶级反动路线和死不改悔的走资派。在组织学生"拉练"（背上行李长途步行）时，边走边高呼口号，高唱"语录歌"，也少不了唱"样板戏"。与此同时，还得学习歌颂"文化大革命的旗手"、"毛主席的文艺战士"江青创作"革命样板戏"

的丰功伟绩，打击阶级敌人的破坏活动。"上海市革命委员会"还处理过"洪富江破坏革命样板戏《智取威虎山》"的案件，专门发文件让全市批判他的罪行。

没有这段经历的年轻人不妨问一下你们的长辈，也不妨翻一下当时的报纸，看看我讲的是否属实。

现在中国戏曲学院一位教授竟说，"样板戏"作为一定时期的产物，是人民创造的艺术，是京剧艺术的一部分。不知他是真不知道"样板戏"是怎么一回事，还是故意曲解？"样板戏"是人民创造的吗？谁都知道，从《自有后来人》到《红灯记》，从《芦荡火种》到《沙家浜》，哪样改变能违背江青的旨意？已故的汪曾祺是参与其事的，他的回忆中讲得明明白白，不用说"人民"起不了作用，就是他这个执笔人，也只能都听江青的。

要说"样板戏"是"一定时期的产物"，请问世上还有什么不是"一定时期的产物"？纳粹德国、军国主义统治的日本难道不是一个时期吗？这个时期也产生了艺术，它们的意义在哪里？"文化大革命"是中国历史上一个黑暗、悲惨、罪恶的时代，是亲身经历的人不堪回首的时代，又是一个中国人永远不能忘却的时代。这个时代的产物当然是历史的一部分，可以用作实证、展示、批判，也应该进行研究或借鉴，但绝不能用作义务制教育阶段的教材。

要说"样板戏""有简单易学、贴近生活的特点"，或许对这位戏曲教授来说的确如此，但我的经验是，当初绝大多数人都只是照调子唱或吼革命歌曲，根本没有京剧的味道。至于说"贴近生活"，莫非是贴近"文化大革命"的生活，"阶级斗争"、"路线斗争"、"你死我活"的生活？

北京市教委一位副处长要求，"开设京剧课后，教师不能简单满足于演唱技巧的教授，而应将曲目背后的故事，如何理解京剧这种传统艺术形式作为教学的主要目标"。请问，"样板戏"背后的故事应该怎样讲？对天真无邪的小学生怎么讲？通过学唱"样板戏"能"理解京剧这种传统艺术形式"吗？

彻底否定"文化大革命"是中国共产党的既定方针，在中国实行的义务教育的课程不允许违背这一方针。将"文化大革命"产物的"样板戏"作为京剧课的主要内容，至少模糊、弱化了对"文化大革命"的彻底否定，应该予以取消，代之以真正能代表京剧或其他戏曲优秀传统的曲目。

第六章

历史随笔

得天下与治天下

刘邦与陆贾有关治天下方式的对话不时被人提到，多数人已耳熟能详。刘邦之所以从善如流，接受陆贾的意见，承认在马上得的天下不能靠在马上治天下，大概已初步尝到了治天下的不易。但不易到什么程度，史书上没有明说，读史者往往缺乏具体了解，试比较如下：

在民主政治制度建立之前，中国历代一贯实行中央集权的专制政体。在这种条件下，要得天下，即推翻一个现存的政权，取而代之，自然只能使用武力和阴谋，因为堂堂正正进行政治斗争无异与虎谋皮，不仅成不了气候，反而自取灭亡。但这恰恰成为得天下者的优势，因为只要达到目的，手段可以不论，无所不用其极，反正不必承担什么政治、道义责任。即使真相暴露，也不难找到各种借口或替罪羊。治天下者行事却不能太过分，至少不能越过社会公认的底线。如清朝在关外反明时可以行反间计，让崇祯皇帝上当杀了袁崇焕。但到了要治天下时，就不得不自己披露事实，为袁崇焕平反昭雪，否则就逃不掉恶名，与治天下的身份不相称。

得天下过程中可以以破坏为主，不计后果，而且破坏越严重对自己越有利，所以无论天灾还是人祸，巴不得闹大搞乱。治天下者则什么事都难辞其咎，人祸固然是治理不当、防范不力、政策错误、吏治腐败所致，天灾则更是上天的警告和惩罚。任何时候，破坏不知比建设要容易多少。得天下过程中惯于用烧仓库结聚、断粮、屠城、杀俘、以水代兵、散布流言、美人计、反间计等手段，而且握有主动权，可以随时随地应用，治天下者则防不胜防，只能被动挨打。

得天下者为了争取人心，煽动民怨，可以不顾实际可能，做出过高过多的承诺，或者给自己的支持者、拥护者以现成的利益。治天下者只能量力而行，在物质基础有限的条件下只能满足一部分人的需求，还必须留有余地。王莽执政时给社会各阶层许诺，并且一律优待，顺利地得了天下。但到了他治天下时，面对空虚的国库只能用空话假话应付天下人，号召臣民艰苦奋斗，以野菜代粮，结果原来的拥护者都成了反对者。李自成发动民众支持的口号是"吃他娘，用他娘，闯王来了不纳粮"，或者由文人加工为"盼闯王，迎闯王，闯王来了不纳粮"，反正开的是明朝的官仓，分的是别人的家产。但一旦进了北京，就忙着"追赃"，搜括金银财宝，连仓皇出逃时都舍不得丢弃。要是真让他治了天下，百姓的负担绝不会比明朝时轻。

得天下时可以结成最广泛的统一战线，只要目标对着现政权，都能相互利用。其他方面的分歧或冲突可以暂且不论。内部的权力斗争虽难避免，但大敌当前，首领还不能当孤家寡人，专制和残暴的手段不得不有所收敛。但在治天下时，皇帝和现政权就成了另一些人的唯一目标和夺取的对象。赵匡胤杯酒释兵权时对老部下说："皇帝谁不想当？""你们不想当，谁能保证你们的部下不想当？"话虽说得绝了些，却是至理名言。五代时那些短命皇帝都算得了天下，可是却治不了天下，一个个像走马灯般下台或丧命。另一方面，当了皇帝就有了至高无上的绝对权力，以往的袍泽、同乡、师生、兄弟关系一笔勾销，更不必有什么顾忌，于是大开杀戒，数万以至数十万不在话下。

得天下过程中从上到下都还没有过多的要求，原来的贫民、罪犯只求活命，因种种原因投奔者志在长远利益，被武力收降或阴谋收买者会暂时隐忍。在物资有限和战事频繁时，各级首领还没有条件，或来不及太腐败。到治天下时各人都要得到满足，统治者也不能一直提倡艰苦朴素，老是要求臣民"共度时艰"又不像个太平盛世，要天下太平往往还得对一部分人实行赎买政策，对豪强做些让步。

正因为如此，英明的开国皇帝往往在治天下时成为暴君，当现成皇帝的人不少是昏君，或者成了权臣或宦官的玩物，不幸当了末代皇帝下场更惨，这都是专制制度治天下的产物。

杯酒释兵权之后

建隆二年（961年）七月，也就是赵匡胤当上皇帝一年半后，宴请石守信等大将。喝到兴头上，他忽然让左右退下，对诸将说起心里话："要不是你们诸位出力，我不会有今天。只是皇帝不好当，我整夜不敢安睡，还不如当个节度使安乐。"大家不懂什么原因，赵匡胤说："你们不想想，皇帝谁不想当！"石守信等连忙跪下叩头："陛下怎么这样说，现在天命已定，谁还敢造反？"赵说："你们当然不会，但你们的部下想升官发财，一旦将黄袍披在你们身上，你们推得了吗？"诸将吓得哭着哀求："臣等愚昧无知，居然没有想到这一点，请陛下可怜，给我们指一条生路。"赵匡胤对他们开导一番后说："你们何不放弃兵权，找一个大地方当节度使，拣良田美宅就买，给子孙置下永远花不完的产业，自己多养些歌儿舞女，天天吃喝玩乐，颐养天年。我与你们结为婚姻，君臣之间互不猜疑，上下相安无事，不是最好的办法吗？"

第二天，石守信等纷纷向朝廷称病，请求不再指挥军队。赵匡胤当然恩准，任命他们为节度使，立即离京就任。只有石守信仍兼统领禁卫军的职位，实际已解除兵权。这就是历史上有名的故事——杯酒释兵权。

此前的五代在53年间换了5个朝代、14位皇帝，其中不少皇帝只是军阀掌握的傀儡，军事政变是家常便饭。同时存在的十多个政权，几乎都是军事割据和政变的产物。但赵匡胤建立的宋朝却开创了一个奇迹，整个宋朝 300 余年间，即使在两宋之际和南宋末年的风雨飘摇中，也没有发生过军事政变。唯有建炎三年（1129 年）苗傅、刘正彦逼高宗退位的兵变，在一个月内就被平息。

不过如果将这一切都归功于"杯酒释兵权"这场政治游戏，那就看得太简单了。实际上赵匡胤采取一系列策略，在军事、行政上实施多项改革，最终形成了一套完整的以文官系统构成的中央集权制度。这些措施主要有：

将全国军队编为禁军（野战军）和厢军（地方部队），各地不断挑选精锐补充禁军，其他留在地方。禁军负责拱卫京师和守卫边疆各地，并且经常调防。禁军的调动都由朝廷决定，中高级将领没有固定的部属，自然不可能形成私人武装。而"国防部长"（枢密使等）都由文人担任，直接听命于皇帝。

将后唐、五代时掌握地方全权的节度使变为虚衔，成为授予文武官员的荣誉称号，与所用的地名毫无关系。如岳飞曾被授予"清远军节度使"，清远军在今广西，实际岳飞根本不必（其实是不许）去清远军，只是获得了"节度使"的荣誉，至于前面署什么地名是无关紧要的。

地方官一律由文官担任，全部由朝廷任命，名称也改为"权知某军州事"、"权知某县事"（简称知州、知县），意思是暂时管理某州（县）的军政民政事务。地方政府的财政收入除留下日常开支外，全部上交朝廷。并且陆续派转运使接管各路财政，直接对朝廷负责，其他地方官不得过问。为了防止地方官滥用刑罚，又将死刑复核权收归朝廷，规定所有死刑案件必须上报刑部复核，经批准后方可执行。

废除以节度使为首的方镇后，宋朝一度没有建立新的行政区划，州一级政府直辖中央。但州一级单位太多，朝廷不便直接管理，因此又在州以上设置了"路"一级。但为了防止形成新的权力中心，路一级分别设置了负责管理和转运地方财赋的转运使、负责监察和司法的提刑按察使、负责治安边防的安抚使和负责储备粮食平抑物价的提举常平使（分别简称为漕、宪、帅、仓司）。这些衙门（诸监司）级别相同，事权各异，互不统属，而且管辖的"路"并不一致。即使两个司所辖的路相同，驻地也不同。因此除了朝廷以外，没有一位地方长官或监司可以将一地的军事、民政、财政、刑事、仓储等全部加以管辖或调遣，自然也无法与中央抗衡，或形成"独立王国"。

不过，任何制度总有两方面的作用。宋朝的制度固然避免了内乱，却挡不住外患，特别是出现外敌入侵的紧急状况，地方上没有统帅，无法集中全部力量；厢军不堪一击，实力较强的禁军只能由中央调遣，将领又不熟悉军队。北宋末年，面对金军的袭击，宋军无法实施有效的阻击。北方多数地方还在坚守，金军已兵临首都开封。相反，南宋末年与朝廷隔断多年的四川，直到宋室投降，元兵入临安，依然没有被元军攻破，原因之一就是在这些孤立的据点中权力已集中在主将手中。岳飞的被害固然有多方面原因，但他作为一位战功赫赫的武将所拥有的兵权已经突破了制度和惯例的底线，自然会遭到皇帝的猜忌。

不可理解的赋税额度

有关古代赋税制度的资料浩如烟海，有关明代制度的史料也不知其数，但明人王士性《广志绎》中的一段却不可多得。有数百字，但无法删节，只能先照录：

天下赋税，有土地饶瘠不甚相远者，不知当时征派何以差殊。想国初草草，未归一也。其后，遂沿袭之。如真定之辖五州二十七县，姑苏之辖一州七县，毋论所辖，即其地广已当苏之五，而苏州粮二百三万八千石，而真定止十一万七千石。然犹江南江北异也。若同一江北也，如河间之繁富，二州十六县，登州之贫瘵，一州七县，相去星渊，而河间止粮六万五千，登州乃粮二十三万六千。然犹别省直异也。若在同省，汉中二州十四县之殷庶，比临洮二州三县之冲疲，易知也，而汉中粮止三万，临洮至四十八万。然犹各道异也。若在同道，顺庆不大于保宁，其辖二州八县，均也，而顺庆粮七万二千，保宁止二万。然犹两郡异也。若在共邑，则同一南充也，而负郭十里，田以步计，赋以田起，二十里外，则田以绳量，不步矣，五十里外，田以约计，不绳矣。官赋无定数，私价亦无定期，何其悬也？惟是太平之时，民少壮老死，祖孙代易，耳目相安以为固然，虽有贫富轻重不等，不自觉耳。

王士性（1547—1598 年），浙江临海人，万历五年（1577 年）进士，此后在河南、北京、四川、广西、云南、山东、南京等地任职，足迹遍及当时的两京十二省，是一位经历丰富、目光敏锐、游踪广泛的学者型官员。他将这些例子录入著作，自然说明这些例子的典型意义，以及此事在明朝赋税制度中有代表性。

王士性列出五组例子，每组两个对象，都是实际情况与所承担的赋税额度相差悬殊，找不到可以解释的具体理由：

一、苏州府（在今江苏）与真定府（在今河北），后者辖 5 州 27 县，辖境约相当前者的 5 倍，但苏州承担的赋税是真定的 17 倍有余。如果折算为同样的辖境，则高达 87 倍。但两者分属长江南北，具有不可比性。

二、河间府（在今河北）与登州府（在今山东），前者辖 2 州 16 县，后者仅 1 州 7 县，略低于前者之半。但后者负担的赋税额竟是前者的近 3 倍，如果按辖境大小折算更高至 5 倍半。但两者分属不同省，仍不可比。

三、汉中府（在今陕西）与临洮府（在今甘肃，当时属陕西）。前者辖 2 州 14 县，后者仅辖 2 州 3 县，不到前者的三分之一，承担的赋税额却是前者的 16 倍，按辖境计就有 51 倍了。两府虽属同省，但毕竟还不在一个道，还不够有说服力。

四、顺庆府与保宁府同属四川省川北道，辖境相邻，都是 2 州 8 县。但前者的赋税额是后者的 3.6 倍，唯一的理由或许是两者还不属一个府。

五、四川南充一县之内，离城 10 里的地方是以"步"丈量单位的，赋税就按丈量结果征收。但离城 20 里的地方就是用绳子来量了，50里以外连绳子也不用，估计一下就行了。

王士性认为，按常理是无法解释这样悬殊的差异的，只能是由于明朝初年政府草草核定，没有注意统一标准，以后竟无法更改。但由于天下太平，百姓们习惯成自然，以为各地的赋税额度本来就该有差异，所以相安无事。

其实，王士性还没有把话说透，或许他不愿意说透。

首先，百姓们固然只能服从官府的征收，但他们也未必知道各地存在的巨大差异。就是地方官，除非是主管全部财政收支的户部官员，也不见得能掌握这些数据。中国古代的统治者就深知保守国家机密的重要性，这些数据都属机密，只能由官方在修史时公布。当地也只能在修志书时才会编入，一般要到60年甚至更长的年代之后。如果每年或定期发布全国及各地的赋税额度，恐怕没有那么太平。

其次，王士性并没有比较各地的全部收支，比如在正常的赋税额度之外，还会有什么花样；又如各地是否都按照定额征收上缴，有没有豁免、折扣、补贴、返回等特殊政策；再如赋税额度相对高的地方，是否享有其他优惠，能否做到收支平衡。因为无论地方或百姓是贫是富，到他们实在负担不了时，表面的平衡就会被打破，无论是制度的改革，还是干脆连制定和执行制度的政府一起推翻。终王士性之世，他没有看到这样的剧变，但半个世纪后就发生了，在历史上又何止一次！

科举制度：存废皆有理

一种制度能在一个国家长期存在，肯定有其适应性和合理性。同样，一种制度被废除，并且再未恢复，也可以肯定有其必然的原因。

从隋唐到清末，中国的科举制度存在了一千多年。此期间无论政权如何更迭，包括少数民族入主中原，开科取士的做法却一直没有改变。中国的人口从五六千万增加到四亿多，疆域范围由数百万平方公里扩展到超过千万，科举制度的具体方法和名额不无改变，基本原则却一仍其旧。科举制度不仅在中原王朝长期延续，还影响到周边少数民族政权，推行到朝鲜、越南等藩属国。

任何制度的合理性都是相对的，科举也不例外，所以我们今天要评论其优劣，不能脱离中国历史的实际，更不能无视其产生和发展的背景。

在科举制度产生和实行之前，人才的选拔有两种主要的办法：一是世袭等级制，一是举荐制。前者规定某些职位是世袭的，只能由担任该职位者的男性后代继承。这类职位范围很广，既有自天子、诸侯王、贵族等君主和统治者，也包括一些专业性强的官职，如太史，司马迁即继承了其父司马谈的太史职位。其他职位也只在特定的阶级或阶层中选拔，如魏晋开始实行的

"九品中正制"和此后逐渐形成的高门世族垄断政治的局面，使大多数重要职位只能在出身特定家族的人中挑选。在公共教育几乎不存在的时代，为了一些专业知识，特别是口耳相传的知识和技能的传承，对诸如天文、档案、史料、礼仪、艺术等方面的职位实行世袭不失为一种有效措施，但同时也剥夺了其他更合适的人才的机会。政治上的垄断则对社会的正常运作与进步毫无积极作用可言，只是能够维持某些特权家族与阶层的利益。

举荐制在一定程度上打破了世袭制的局限，但也存在着不可避免的弊病。且不说在专制集权制度下必然出现的腐败，如政治权力的干预甚至逼迫、钱财的贿赂、人情的影响等造成的营私舞弊，即使当事人完全出于公心，也还有两个无法克服的不利因素。第一是个人的接触和了解范围毕竟有限，但为了对自己的推荐负责，他只能在这范围内提出。而有举荐权的人只是一部分官员、贵族、名流，能获得他们举荐的人自然少而又少。虽然偶尔也允许个人自荐，但草民百姓的自荐一般很难通过各级地方官的筛选，能够上达天听的真是凤毛麟角。第二是缺乏统一的标准，推荐者只能根据自己的感觉。而推荐者本人的水准、判断能力和选择标准相差悬殊，其结果也可想而知。

正因为如此，科举制显示出巨大的优越性。首先是打破了世袭制和等级制的垄断，除了少数受限制的家庭出身者外，无论贫富贵贱，都有参加考试的资格。其次是标准一致，各级考试都有统一的程序、形式和内容，即使主考官免不了个人好恶，也已受到很大制约。再则，随着科举制越来越受到重视，制度日趋严密。其中不少做法实际沿用至今，甚至比今天的规则严密得多。尽管科举制难免也有缺点，但在当时条件下，还能找到什么更好的办法呢？

科举制最受诟病的，一是遗漏了不少人才，二是考试内容毫无实际意义，三是耗读书人太多的时间和精力。对这些需要具体分析，全面认识。说到遗漏人才，我们的确可以举出一些历史上的杰出人物往往在科举中落第。但科举的目的是为选拔官员，并非选拔社会的各类人才。有些人虽有其他方面的才能，却未必适合当官员，考不上科举倒是很正常的。如李白，无疑是旷世奇才、天才诗人。但从他对韩荆州的谄媚和受永王之召的轻率看，他肯定不适合当官。所以他考不上科举既不是坏事，也不能证明科举埋没人才，倒是成就了一代诗人。反之，由科举入仕的人中虽不乏庸庸碌碌之辈，但对中国历史起重大作用的人物大多也在其中。至于其中出现奸佞，与科举制没有什么关系，因为选择标准中本来就只凭考试成绩，对未来的奸佞是无法识别的。第二点也是任何考试所无法避免的，因为考试只是一种手段，目的在于对考生打分排序，所以必须有一套通用的程序，便于不同的考官之间有比较共同的标准，八股文正是这些需求的产物。科举制本来就是中国的文化和社会价值取向的产物，决定读书人对科举态度的是传统文化和价值取向，而不是科举制，不能本末倒置，以果为因。在科举实行之前，读书人在干什么？难道在从事科研、管理、文艺创作或生产劳动吗？

既然如此，为什么到了清末说废就废，再未恢复呢？

中国以往的教育以儒家学说和文史为主，科举取士也以此为标准，但到西方现代科学传入，这样的知识结构和选拔标准就无法适应。科举的目的是为了选拔官员，但新形势下需要的外交、法律、管理、警察、军事、科技、金融、财务、民政等很多方面的官员却无法通过科举来选拔，也不为临时开设的"经济特科"所囊括。科举的基础是精英教育，而要进行国民教育就只能采用现代教育制度，设立各类各级学校，设置人文社会科学和自然科学的各种课程。科举只是为官方选拔行政官员，无法为社会选拔各类人才。当行政官员在全社会的人才中所占比例越来越低时，科举制的适应范围也越来越小。无可奈何花落去，科举制最终退出历史舞台势所必然。

但科举制的普遍和积极意义早已在各国通行的文官制度中得到体现，考试更成为无法替代的选拔人才方式。考试应该并可以不断改进，却不可能废除。近年来对高考的批评不绝于耳，但谁能想出不需要考试、取代考试的更好办法？

"正史"也要创新

我不反对按"正史"的标准修一部清史，以取代《清史稿》，使中国传统的"正史"有一个完满的结局。但毕竟是 21 世纪修的"正史"，岂能只讲传统，不求创新？而且要修一部高质量的清史，也非创新不可。

要修清史，官修是必须的。只有官修，才能有充足的经费，才能组织起全国一流的专家学者，文献档案的搜集和利用才有保证。但这又是一项学术成果，应该有充分的学术自由，在体例统一、文责自负的前提下，应该允许编纂者有研究的撰写的自由，而不能因为官修就只能定于一尊。在纂修方式上也应小集中与大分散结合，未必完全采用开史馆的办法。否则，恐怕很难长期集中到一流专家。

纪传体当然可以沿用，但也应吸收其他体裁的优点。如一些重大事件就很难在本纪和列传中得到完整系统的叙述，未尝不可用纪事本末的形式。又如对少数民族的记述，以往的正史中从未予以平等待遇，新修清史就应创造出一种恰当的体裁和方式。再如，以往正史基本都不交代资料的根据和文献出处，按今天的标准，就不能适应研究者和读者的需要，新修时应列出主要的参考文献和注释。外国和少数民族的人名、地名应附注原文或旧译名。引述到的外国文献，都应根据原文重新翻译，而不能沿用原来那些免不了有很大错漏的译文。如果考虑到有不少外文或少数民族文字插入，全书应该采用横排。

清朝后期出现了很多新事物、新技术、新手段，在新修清史中应该得到如实的反映，并充分加以利用。一些人物、器物、事件已留下了照片，在相关的纪、传中就应列入。康熙年间就已在全国进行了地图测绘，晚清时各地纷纷测绘、印制各种地图，与邻国勘定边界时也绘有详细的地图，《地理志》和相关的志、传中就应附上必需的地图。科学技术、文化教育、医药卫生、工业交通、邮政电讯、金融等等，都应该得到记载。

但创新的难度也可想而知，例如这部"正史"究竟应该用文言还是白话，就是一种两难选择。在被引用的原始文献和史料几乎都是以文言写成的情况下，中间夹着一些白话叙述实在有些不伦不类，看起来也很别扭。而且如果完全采用白话，总字数会更加庞大。不过，如果真要用文言文撰写，现有的清史研究者中，恐怕绝大多数人都适应不了。另外，涉及一些由外国传入、中国原来没有相应文言词汇的事物时，一律要使用文言，又会显得很滑稽。

清末去今未远，一些名人之后还有很大的影响，如何保证新修清史不受到他们的干扰，并且不受到政治权力、地方势力、利益集团的干预，尽可能做到客观真实，也会有不少难题。

历史人物的评价应该以事实为依据

　　对历史人物的评价可以体现不同的价值观念，例如对同一个人的同一件事，不同观念、立场、信仰、感情或利害关系的人可以有不同的判断，不同时代也会有不同的评判标准，这是非常正常的。但无论如何，大家评价的事实基础应该是一致的。不能因为价值观念的不同，就对历史事实进行隐瞒、虚构、夸大、歪曲、篡改。更不能在毫无事实根据的情况下，仅仅凭概念、猜测、推理来评价历史人物，或者将莫须有的罪名强加于人。

　　姑举一例：南朝宋大明二年（458 年），沛郡相县人唐赐酒后腹痛病危，并吐出十几条虫，他临终时嘱咐妻儿，在他死后一定要剖腹检查，看腹中究竟有什么。他死后，妻子张氏与儿子将他腹部剖开，发现里面的器官都已糜烂。此事传出后，有的官员认为张氏与儿子灭绝人伦，大逆不道，应处极刑；也有的官员认为他们是遵照丈夫与父亲的遗嘱行事，而且并非出于恶意，应该无罪；但最终两人还是被杀。用今天的眼光看，唐赐的态度是科学的，他不甘心自己不明不白地死去，死了也要查个究竟。张氏与他儿子敢于按照他的遗嘱，对亲人的尸体进行解剖，在一千多年前也是难能可贵的，因此医史研究者将他们称之为中国解剖史的先驱，给予高度评价。应该说，从此事发生到今天，无论是当时哪位官员，还是今天的研究者，对事实的真相并无异议，只是在同一时代就有不同的评价，不同时代更有不同评价。

另一个例子是所谓"张献忠屠蜀"。要评价张献忠当然首先应该查清事实，张献忠究竟有没有在四川杀人，杀了多少，是不是将四川人都杀光了。对张献忠评价的另一背景，涉及对农民起义和农民战争的评价。以往将张当作造反的盗贼，解放后肯定张为农民起义领袖。但不能因为有了后一个评价就不许讨论前一个问题，更不能因此就轻易肯定张没有杀人。经过研究，多数人肯定张的确杀人较多，而且包括无辜民众，但并没有将四川人杀光，而且明朝、清朝方面也在四川杀人，所以清初四川人口锐减不能完全归咎于张献忠。如果肯定这一事实，对此事及张献忠的全部评价还是可以有不同意见：或认为张杀人与盗匪无异，罪不可恕；或以为张杀人总不对，即使是正义的起义；或以为杀人是不得已，不如此不足以取胜；或以为张杀得对，杀得好，杀得还不够。但如果因为要充分肯定张献忠，拔高农民起义，就不许讨论张是否杀过人，甚至因此就全盘否定历史事实，或者先给别人扣上立场反动的帽子，那就不是历史研究了。

那么有没有客观的历史事实呢？当然有。否则历史研究的根据是什么？任何人、任何历史事实都是过去曾经存在的客观事实。无论后人如何复原，如何解释，历史人物和历史事实本身是无法改变的。

历史学者对历史人物和历史事实的复原出现差别，无非出于两种可能，一是该人该事留下的信息太少，或者自相矛盾，或者有重大遗漏，或者对同样的记载做出了不同的推理或判断；一是有人出于某种目的，故意对有关的史料做了随心所欲的解释，或者故意不承认其中一部分事实。前者往往是不可避免的，尤其是在信息有限，不确定因素太多，或者因时间和空间距离太远以至我们毫无判断的把握时，往往无法在两种或多种可能性中做出决断，尽管自己认为有一定理由却无法说服别人，或者虽然不同意对方的意见却找不到予以否定的充分依据。这种现象是完全正常的，一般来说，在这种情况下对所涉及的历史人物的评价就应留有余地，因为谁也不能做出确定无疑的结论。后者却是不正常的，也是严肃的历史学者所不能容忍的态度。因为这样做，实际已与伪造、造谣、撒谎无异，无论他们的目的多么正当，都是不可取的。

这就是说，历史学者在主观上不能歪曲事实，更不能伪造事实，尽管在客观上可能对同样的史料做出不同的判断，因而会产生不同的具体结论。这就涉及一个比较敏感的问题——历史研究有没有阶级性，是否应该为不同阶级的政治服务？

我已多次说明我的观点：作为一门科学，历史学与其他人文科学、社会科学一样，也与自然科学一样，是没有什么阶级性的。但历史学的研究成果，与其他学科的研究成果一样，可以为不同的阶级、阶层、群体、民族、国家、政治集团、利益集团或个人服务，当然也可以为不同的政治、经济、文化、军事目的服务，甚至可以被犯罪行为所利用。正因为如此，在运用具体的历史研究成果时，不同的群体或个人，或在不同的时间或场合，可以有所取舍，有所侧重。为了国家、民族或群体的利益，在一定的条件下可以对某项历史研究的成果保密。但历史研究者不应受到种种限制，应该有完全的自由，不能根据国家利益或政治需要预设某种结果或某项结论，也不能将历史研究降低到只是为了论证某种理论的正确性或某种行为的正当性。片面强调历史学的阶级性、政治性，是混淆了历史研究与运用历史研究成果的界线，也使历史研究可悲地沦为政治工具或实现某种目的的手段。

正因为如此，在评价一个历史人物时，查清他（她）的有关事实是不可或缺的前提。而在绝大多数情况下，只要历史学者本着严肃认真、实事求是的态度，是能够对事实取得共识的。出于政治目的或现实需要，各国政府都会在一定阶段对一些涉及国家利益的档案、资料加以保密，甚至会伪造一些内容，或者故意泄漏某些真相，但一般都会在若干年后解密。作为历史研究，应该与现实保持一定的距离，特别要注意在基本资料齐备后才能进行。如随着苏联和第三国际档案的解密、有利害关系的人物的去世和时间的推移，现在研究陈独秀，就有条件澄清事实，清除原来强加在他身上的不实之词，对他做出全面、准确、客观的评价才有基础。比如说，现在有明确证据，陈独秀在总书记任上做出的不少决定，是执行共产国际的指示，那就应该根据这样的事实来评价陈独秀应负的责任。又如，陈独秀的确赞成托洛茨基的理论和主张，但并没有因此而反对抗日战争，更没有任何卖国行为，刊登在《新华日记》的消息（称陈氏接受日本间谍资助）是伪造的。明确了这些，评价他与托洛茨基和托派理论的关系与对抗日战争的态度才有可能实事求是。如果对有关的历史事实有疑问，尽管可以提出，并做进一步研究，但不能不顾事实，坚持旧说。当然，面对同样的事实，完全可能做不同的评价，这是另一回事。

现在往往将对历史人物的评价提出不同意见一概称之为翻案，其实两者是有区别的，因为有的不同意见是辨析事实，有的是对事实没有异议前提下的不同评价，或者两者兼而有之。

所谓翻案，实际也有不同情况，因为有的历史人物并未经过什么严格意义上的定案，只是长期沿用了某种陈说，现在不过给他定案。或的确定了案，但依据的事实根据不足，或事实有误，当然应该重新定案。1959年郭沫若提出为曹操翻案，先师谭其骧就指出："说是替某人翻案，无论正翻反也好，反翻正也好，总得新的评价和旧的评价完全相反或基本上相反，才算得上翻案。""自古及今，果然有很多人说曹操坏，却也有不少说他好，也有人在某些方面认为他好，同时在某些方面又认为他坏的。……既然过去人们对曹操的评价不全是否定的，也有肯定的，那么我们今天要肯定曹操，怎能说是替他恢复名誉，替他翻案呢？"（《论曹操》，原载1959年3月31日《文汇报》）因此，动辄以"翻案"的方式来评价历史人物，往往是出于某种非学术的目的，而不是一种严肃认真的治学态度。

但现在有些人听到对某个历史人物与旧说不同的评价，不是看这种评价有没有事实根据，而是首先根据某种政治标准或道德观念来衡量，只要认为不符合，就以卫道士自居，一概予以否定和批判，甚至戴上一顶大帽了。这种态度尽管毫无道理，却往往因政治正确，或者符合某些人的道德观念而得到官方或主流的肯定。不同意见却连进一步发表的机会也没有。于是某些历史人物成了不可触动或不可改变的神圣偶像，某些人又成了永世不得翻身的千古罪人。

我写过一篇文章，谈冯道身处乱世的两难选择，认为对冯道应该做全面分析。马上有人义正辞严地在党报头版发表评论，称我这是为早已钉在历史耻辱柱上的汉奸翻案。也有人将冯道联系到洪承畴、汪精卫，我的文章自然成了美化汉奸卖国贼。但是谁给冯道定过案呢？一位是《新五代史》的作者、北宋的欧阳修，一位是《中国通史》的作者、当代史学家范文澜；对他们的论点，我在文章中已经做了具体分析和驳斥。我检索了以往 70 年的史学论文，没有找到专门研究冯道的论著，没有发现有人提出什么新的论据，史学界也没有专门做过讨论。既然如此，为什么不能做新的评价？难道欧阳修和范文澜的观点就不能动摇吗？而且所有的批评丝毫不触及历史事实，也没有说明为什么冯道必定等于洪承畴或汪精卫。这类批评只能起一个作用，让你闻风丧胆，俯首投降，否则必定蒙上与汉奸为伍的恶名。所以与其说是学术批评，或自由争鸣，还不如说是政治警告、道德审判。

这种做法来源于专制集权制度对学术和思想的控制，是非定于一尊，凡是最高统治者、官方或主流文化确定的标准，只能遵守，不能有丝毫违背。对历史人物，凡是有过定论的，一律不许再有改变，肯定者始终戴着桂冠，否定者永世不得翻身。谁想对被肯定者重新评价，或提出不同看法，就等于向官方或主流挑战，就有影射当道、逆潮流而动、反革命、反党、反人民之嫌，而谁要想对被否定者说一句好话，自然会被当作为坏人（汉奸、卖国贼、叛徒）翻案，肯定是别有用心。

习惯于这种思维方式的人，每当出现对历史人物的不同评价时，不是看别人的理由和事实根据，而是马上凭革命警惕性想到：某人为什么在此时要为此人翻案（或评功摆好）？有什么政治背景？会有什么破坏作用？凭他们的丰富联想，结果可想而知。如果他们觉得你的文章杀伤力强，对旧说威胁太大，就会祭起政治、路线、思想的法宝加以威胁，再不行就借助行政手段，干脆一禁了事。

一位原来研究文学的老教授写了一系列有关太平天国的文

章，以事实为依据提出了不少以往人们忽略或不敢提出的问题。文章所依据的事实并非来自稀见史料，一般来说不出一套《太平天国史料汇编》的范围，对太平天国研究者来说是耳熟能详的。无论是他引用的史实有误，或者他的推论过程不对，都不妨一一指出，读者自能分辨。可惜我们没有见到这样的文章，偶然见到的不指名批评也只有空泛而厉害的帽子，类似政治威胁，以后就是这本名为《太平杂说》的小册子逐渐消失了，或许是不再出版发行了。只是我不明白，竭力维护洪秀全革命形象的人，为什么不具体解释一下，例如洪秀全进南京后11年间的腐朽奢靡生活、他不理朝政却发布了大量训练管理妻妾的"圣谕"、他确定的比清朝还严格的等级制度和更残酷的刑罚，究竟是否事实？如果是，又应如何解释？是革命的需要，还是农民起义不可避免的局限性？

另一方面，对他们认为应该充分肯定的人，又往往在事实的基础上无限拔高，甚至可以在毫无事实依据的情况下使历史人物具备现代思想观念，或按照现实需要来重新塑造历史人物。例如对明末的地理学家徐霞客，总有人要将他与爱国主义联系起来，但却举不出他如何爱国的事例，只能硬性推导——他爱旅游说明他热爱祖国的大好河山，既然热爱祖国的河山，当然就是爱国。其实，徐霞客恰恰是因为科场不利，才绝意功名，加上他家资丰厚，无衣食之累，才能带上仆人长期离家远游。当时明朝外有女真威胁，内部政局混乱，山雨欲来，国将不国，徐霞客的行为哪一点能与爱国联系起来？正是不问政治，不主动爱这个国，才使徐霞客成为杰出的地理学家。

总之，事实是评价历史人物的基础，实事求是的研究是正确评价的前提，正确的结果才能真正为政治和现实服务。

创造历史的人如何进入历史

　　学习和研究历史的人都不能回避一个问题：历史是谁创造的？回答起来似乎很容易，历史是人民创造的，但英雄的作用不容否认。也有的人说，历史是人民与英雄共同创造的。无论哪种说法，显然没有人会全部否定人民的作用的。但一到具体的研究就麻烦了，因为现在留下来的史料中，无论是传统的"正史"《二十四史》，还是稗官野史、笔记小说，有名有姓的人物中不是帝王将相，就是才子佳人，或者是与他们有关系的"劳动人民"，真正的平民百姓、普普通通的人，几乎没有什么人能留下姓名和事迹。为数不多见于记载的普通人，除非后来发达成为不普通的人，例如因十年寒窗而金榜题名，风云际会而出人头地，或因反抗官府而列为"盗贼"，当了"盗贼"后受招安成了官，或"起义"成功当上了开国皇帝。除此以外的机会实在太少，以至有些有重大业绩、发明创造、独立卓行的人都成了无名氏，或者连姓名都不完整。

　　所以每当我们面对历史时，对英雄的论述可以栩栩如生、精彩传神，而对"人民"只能做抽象的肯定，至多只能做些推断想象。例如令人叹为观止的秦始皇兵马俑，除了从遗物、遗址中获得的信息外，对于具体的创造者我们一无所知，现存史料中找不到任何直接的记载，不像秦始皇那样，虽然事隔2200

多年，还留下不同版本的故事和传说，当年郭沫若还能推断秦始皇患有什么疾病。又如我们踏进巍峨壮丽的故宫，都会想到这些都是明清两代劳动人民的杰出贡献，但具体是谁？如何创造？翻遍明清史料、故宫档案，恐怕也不会有什么新发现。其实大可不必作此无效劳动，因为古代的历史一般是不会记载与所谓"大历史"无关的人和事的，偶然留下的也早已被别人用过很多次了。

近代以来，西方和中国的史学家都逐渐认识到日常生活和普通人的言行对历史的重要作用，越来越注重此类记载。解放以来，在"劳动人民当家做主"的号召下，更有一批劳动人民成为英雄模范，被树为标兵典型，有的成为党政官员，直至当上党和国家领导人。但他们之所以被载入历史，主要原因还在于他们已经不再是普通人，还在于他们已经有了与普通人不同的事迹和地位。正因为如此，等后人研究这一段历史时，还会对普通人的普通生活的失载，至少很不充分，而感到遗憾和无奈。实际上，我们这一代人已经感觉到这一点了，有时我忆及往事，向较年轻的同事或学生做些具体的描述，他们竟如闻天书。他们都从事历史学习或研究，看过的书不少，见闻也颇广，可见当时不留下记载，以后无论如何重视，如何收罗挖掘，也未必有效。

中国的史学界、新闻界、文学艺术界和知识界学了多少年的历史唯物主义，基本都接受，至少都承认人民对创造历史的作用，但真正重视将普通人的日常言行记录下来，载入历史，显然还远远不够。所以当我读到一条题为《上海平民英雄走上街头海报》的消息时，感到此举很有意义。据报道，在世纪大道、浦东南路竖起的 22 块画着普通市民头像的巨幅海报，包括

5年坚持不懈唤醒植物人妻子的好丈夫、三年出了112名遗体捐献者的好街道……这些海报今后隔一段时间就会更新，而人选将由市民推荐。我以为，这不仅可以为以后的历史提供可信可靠的基础史料，也是切实推进精神文明建设的有效措施。

他们都是普通人，即使其中有的人有一定的身份或社会地位，但所记录的事完全是普通人可以做而没有完全做到的。所反映的事，有的是千古不变的优良传统、人伦道德，但已赋予新的时代特征，如传颂近2000年的梁鸿、孟光夫妻互敬互爱故事实际还是以丈夫为中心，而如今的好丈夫真正体现了夫妻间的平等；从"身体肤发受之父母"珍惜生命、孝敬父母的教诲，到将遗体捐诸于人，使生命实现更高价值的情怀；都是对中国优秀传统的继承，并在新时代的发扬光大。被宣传的对象或许并不完美，但所宣传的一点却是社会所需要的，或者是代表的大家的努力方向。而且当一个人的形象被如此显著地宣传时，也会产生一种无形的社会力量，促使他向更完美的方向进步。

由于这些人物都是经过市民公举，随着市民参与程度的加强，相信能做到有意义的好事不遗漏。巨幅海报再公开不过，如果有谁弄虚作假，只能自取其辱。即使偶有失误，在公众的参与和监督下也不难及时纠正。现在有些地方热衷于传统文化，一讲到伦理道德，就大树"二十四孝"。且不说其中不可避免的糟粕，难道当地就没有现成的孝行善事可以宣扬？从史学者的私心出发，我也不希望我们的历史里永远只有"二十四孝"，如果今后的浦东新区史中将这些海报的内容中经得起时间考验的那部分记载下来，岂不比重复"二十四孝"强得多！

"上海道台"不等于上海市长

8月15日《文汇报》"书缘"版所载韩石山《〈海上才子：邵洵美传〉的优长与不足》一文提到邵洵美的祖父邵友濂"曾任上海道台（相当于上海市长）"，这个括注不对。此点对韩文无关宏旨，但因为"上海道"经常为人误解，所以趁机做一说明。

其实清朝并没有正式设立过"上海道"，所谓"上海道"的正式名称为"分巡苏松太兵备道"。但因为从雍正八年（1730年）开始，这个机构的驻地一直在上海，因而俗称"上海道"或"沪道"。又因这个道兼管驻在上海的海关，又被称为海关道、江海关道、关道。

清朝的道，是布政司和按察司的派出机构，是介于省与府、直隶州之间，主要负督察之责。除督察行政、司法外，还根据地区特点分别有所侧重。如苏松太道还兼水利、渔业和海关事务。多数道还加兵备衔，被分为巡兵备道，但实际并不负责军事防务，更不能调动或指挥军队。道以下有府、直隶州，所以并不直接处理地方行政。道的长官是道员，正四品官，道台是对道员的尊称。

由此可见，上海道不等于上海市长或上海县长。而且苏松太道的管辖范围大致相当今上海市、苏州市和江苏的启东一带，比上海市要大得多。

使上海道名声大噪的，实际还是鸦片战争后上海县的特殊条件。从上海正式开埠、租界的划定，到处理解决发生在上海的中外纠纷，都需要与英、法等西方列强的代表打交道，上海县的知县级别太低，只能由驻在上海的苏松太道员负责。如决定上海开埠方式和租界命运的《土地章程》，就是由苏松太道员宫慕久与英国领事巴富尔谈判并签订的。

关于家谱

近年来常从报上看到一些某某名人第几代后人在某地发现的消息，根据都出于他们自己保存的家谱。稍作分析，就能发现漏洞百出，不是误信了前人做的假，就是当代人为了某种需要故意以假乱真。为此我专门写过文章，还在有关的学术会议上发过言，但大概影响不了某些传媒，更拂不了有关人士的兴致，这类报道还是屡见不鲜。最近从 7 月 28 日的《人民政协报》上又看到一条消息，题目就是《三国豪杰孙权、刘备、孔明后裔齐聚浙江富阳》。孙权是富阳人是见于史书的，诸葛亮的宗族三国时就已迁入江南，刘备的后代如何不远千里到了富阳？一看报道，原来又是一部《富春刘氏宗谱》"透露出一个惊人消息"。

虽然我没有机会看到这部家谱，但从报道看就是完全靠不住的。首先，这是"1925 年重修之物"，至于它再前面的来源就没有提到。75 年前的人对一千多年前的事大概不可能比现在的人多了解什么吧！文章又说："《富春刘氏宗谱》曾多次重修，每次都有名家作序，如朱熹、文天祥、方孝孺等都名列其中。"这又是上了一些家谱的当，因为这类名人的序大多是从其他地方抄来的，像不少家谱中朱熹的序连文字都一模一样，只是将张家换成王家而已。

更离奇的是，"据谱中记载，自司马炎建立晋朝以来，刘氏家族离川避难，并'将刘（繁体）字去卯刀而姓金焉'"。实际上，离蜀国灭亡不久就问世的史书《三国志》中对刘备后代的下落有明确记载：蜀亡后，后主刘禅、刘禅的庶弟刘永、另一位庶弟刘理的儿子刘辑、刘禅的四个儿子等都"举家内迁"至洛阳，蜀国大臣、大族被内迁的有三万户，刘氏宗族是不可能遗漏在四川的。司马炎建晋后，刘禅还安享了七年"食邑万户"的"安乐县公"，子孙被封侯的有五十余人，再到永嘉之乱后才"子孙绝灭"，但还有刘永的孙子刘玄迁回四川。退一步说，即使刘氏有个别远亲留在四川，即使司马炎要灭刘氏的后裔，怎么会在洛阳供养着五十余位公侯，却要逼得四川的个别刘氏后代逃亡改姓呢？再说，晋朝的刘氏也是著名的士族，推翻西晋的匈奴刘氏自称刘邦之后，取代东晋的刘裕更声明是刘邦之子楚王的后裔。那位"刘备后代"根本没有必要改姓金，即使一时不得已改了，也早有恢复的机会。

报道中另一个笑话是："后来由于家族出现了'专政的刘瑾'，家道再度衰落，宋朝皇帝诛杀了刘瑾之后，'又欲诛天下刘金二姓'，刘氏家族被迫流亡。"众所周知，宋朝根本没有出过"专政的刘瑾"，倒是明朝出了一位专政的太监刘瑾。但刘瑾被杀是当时的大事，记载十分详尽。刘瑾本姓谈，冒用了另一位太监的刘姓。刘瑾被杀后的确杀了他的族人，但那都是谈家的后裔，皇帝再残暴，怎么会牵连到"天下刘金二姓"？明朝当时姓刘、金的官员名人随便都可以举出几个，哪里有过这样的事？

看来，这部宗谱的先人其实是姓金的普通人，为了要将自己的家族附会为名人之后，不惜请人编造史实，以便与刘备挂上钩。可是替他编造的人连基本的历史常识也没有，留下了这些漏洞百出的笑话。

前几年还在一本颇有声誉的杂志上看到报道，称司马迁的后代就在他的故乡，只是已改了不同的姓，原因是东晋灭亡时，宋武帝刘裕要杀尽天下司马氏。可是编造者却忘了一个根本的事实，东晋灭亡时司马迁的故乡今陕西韩城已经不在它的国土之内，刘裕再厉害也不能杀到敌国去吧！其实从那几个姓看，正是曾经聚居在这一带的羌人之后。

我完全理解当地迫切希望充分开发历史资源发展旅游的心情，但不能饥不择食。如果将这类拙劣的编造当作"丰厚的历史底蕴"，倒是会贬低真实历史的价值，降低了旅游的人文品位。也希望传媒能慎重对待这类家谱，不要被它们牵着鼻子走。

附：答编者和西安刘海明先生

要不是有友人提醒我，我几乎不会注意到9月13日《南方周末》22－23页中缝"编读往来"中《一篇靠不住的文章》竟是针对刊登于8月23日"阅读版"的拙文《靠不住的家谱》的。顺便说一下，拙文原来的题目是《慎用家谱》，大概编者认为不够醒目，才改成了现名。这篇文章以此为题，无疑是全盘否定了拙文。

更使我感到惊异的是，编者还郑重其事地加了按语：赞扬这篇文章"言之有物"，"发表于此，以便让读者与《靠不住的家谱》对照着读，自会增长不少历史知识"。编者的倾向性很明白，拙文不是言之无物，就是缺乏历史知识，或者向读者提供了错误的知识，让读者"对照着读"，无疑是为了消除错误的影响。编者声称"本着百家争鸣的精神"，似乎要就此作进一步的讨论或批评。奇怪的是，直到此文刊出，该报才有一位编辑以私人身份给我打了个招呼。既然要争鸣，为什么不能让我同时发表意见？对照着双方的意见读，不是更有利于争鸣吗？

当然，对所有读者，包括刘海明先生此文的批评，我衷心欢迎，十分感谢。正因为如此，在读到刘先生"哑然失笑"，"在这篇引经据典的短文里，实际作者的考证既肤浅又'漏洞百出'，一点也靠不住"时，我万分惶恐，急于了解"百出"的漏洞和肤浅之处。但读完全文，我虽还不至"哑然失笑"，却怎么也理解不了刘先生的批评，只能请刘先生进一步指教。

刘先生有一点是完全正确的，即南朝宋武帝刘裕自称的祖先西汉楚王刘交是刘邦之弟，拙文误写为"子"，无论是笔误还是误记，都难辞其咎，首先应该承认错误，并向读者致歉。但除了这一点以外，刘先生却没有指出什么错误来。例如，刘先生将拙文中称"推翻西晋的匈奴刘氏自称刘邦之后"为"模糊"，说"刘渊明明昭示天下自己是刘邦的外甥而非子孙"，指责我连"浅显的史学问题"也不懂，指责我没有讲清楚这段资料。读过拙文的人一定明白，我提到这一点，只是为了说明，如果那位族谱的祖先本来姓刘，在蜀汉灭亡时不得已改姓金，那么等到自称刘邦之后的匈奴刘氏建国后，完全可以恢复本姓了。"自称刘邦之后"难道不是事实？《晋书·刘元海载记》所载刘渊即汉王令写得明明白白，"昔我太祖高皇帝……是我祖宗道迈三王，功高五帝"，不是自称刘邦"之后"是什么？我说得很清楚，这是"自称"，并非事实，至于是外甥，还是子孙，因与主题无关，似乎不必在一篇千字的短文中说明。退一步说，即使我不懂这"浅显的史学问题"，拙文所指报道中的刘氏若被迫改姓金氏，在刘渊时代已可恢复本姓的逻辑是否合理？刘先生为什么回避这个主要观点呢?

如果篇幅允许,我倒还可以补充一个事实,刘渊不仅自称是刘邦之后,还与刘备、刘禅父子拉上了关系,追尊刘禅为孝怀皇帝,称自己是为他雪耻,改变"宗庙之不血食四十年"的局面。要是真有那么一位一度改姓金的刘备后代、又生活在刘渊的统治区,岂能不恢复本姓?

刘先生似乎根本没有注意到,拙文一开始就说明是针对那篇报道写的。报道中称"据谱中记载,自司马炎建立晋朝以来,刘氏家族离川避难,并'将刘(繁体)字去卯刀而姓金焉'";所以我列举的史实只是证明刘备之后在蜀汉灭亡后既没有必要改姓金氏,实际上也没有改姓金,所以才引述刘氏后人在西晋的分布和下落,写到刘玄在西晋亡后入蜀已足以说明问题。难道在一篇短文中非要将刘氏的下落交代甚至假设清楚,才能证明自己不是"不知"?刘先生完全撇开报道中的话和我要说明的观点,设想了刘玄的后裔从南京再辗转流落到富阳"极有可能",究竟是在批评我,还是在另写一种与报道无关的推断?即使刘先生的推断成立,也是一支姓刘的刘备之后的迁移,与那篇报道提及的那部家谱中早已在西晋时改姓了金的人毫无关系。连人家自己家谱中都没有记载的事,大概不需要刘先生越俎代庖吧!

坦率地说,我再三拜读刘先生的批评,反复思考,除了误将"弟"写成"子"以外,还没有发现"漏洞百出"和"笔误再三"。既然编者希望开展"百家争鸣",就请刘先生一一指出,也恳请其他读者不吝指教,以免谬种流传,贻害后人。

我也要重申拙文中三个主要观点:一、蜀汉灭亡后刘备之后没有改姓的必要,至今也没有发现改姓的事实;二、即使有人改过姓，在西晋灭亡之后的北方和东晋灭亡之后的南方都已有恢复本姓的机会；三、宋朝根本没有一位"专政的刘瑾"，明朝倒有一位，却是太监，而且本姓谈。这些都是针对那篇道报而言，目的又想登在《南方周末》上，让更多非专业的读者看到，刘先生认为"肤浅"我并不在乎，但刘先生的批评根本没有涉及这些观点，倒使我非常遗憾。

我赞赏编者按提出的"百家争鸣"，所以要求编者及时发表我的回应，并且请求不要删改我的文字和题目，以便文责自负。编者先生既已有成见在胸，也不妨直接参与，以确定拙文是不是"一篇靠不住的文章"。对拙文中的那一处错误，我无权做任何辩解，只能深刻反省，再次向刘先生和全体读者致歉。

《长河文丛》

梁由之　主编

九州出版社出版

第一辑

《旅食与文化》汪曾祺　著

《往事和近事》葛剑雄　著

《大师课徒》魏邦良　著

《书山寻路》魏英杰　著

第二辑

《旧梦重温时》李辉　著

《四时读书乐》王稼句　著

《汉代的星空》孟祥才　著

《从陈桥到崖山》虞云国　著

第三辑

《寂寞和温暖》汪曾祺　著

《城南客话》汪曾祺　著

《天人之际》葛剑雄　著

《古今之变》葛剑雄　著